ÉDITORIAL

NOVEMBRE 2025

Un mois de bascule

En novembre, la fête de la Toussaint et la commémoration des défunts s'inscrivent naturellement dans notre prière et nos célébrations. Elles nous parlent de la vie en Dieu, celle qui ne finit pas, celle que rien n'arrête. Mais ce mois ne se résume pas à ses premiers jours. Il nous entraîne vers un autre sommet : la fête du Christ Roi. Un Roi à rebours de nos représentations habituelles, couronné d'épines et les mains transpercées. Il règne en donnant sa vie. Cette fête, ultime étape de l'année liturgique, ne vient pas clore un cycle dans le calme ou la distance. Elle agit comme un seuil. Car dès la semaine suivante, l'Avent commence. Pas de répit. La nouvelle année liturgique surgit dans la foulée, avec son appel brûlant à veiller. Dieu vient, et il faut l'attendre debout. Ainsi, novembre ne s'éteint pas doucement : il bascule. D'un côté, l'accomplissement : la vie en Dieu célébrée avec les saints. De l'autre, le commencement : le désir renouvelé de sa venue. Entre mémoire et espérance, le mois trace une ligne : un chemin de foi à tenir, de bout en bout, dans la lumière du Christ. ■

Entre mémoire et espérance, le mois de novembre trace une ligne : un chemin de foi à tenir.

ORDRE DE MALTE

Transmettre pour plus d'humanité et d'espérance

L'Ordre de Malte France est une association catholique hospitalière, qui place la charité au cœur de son engagement. Elle agit ainsi auprès des plus fragiles à travers des initiatives de terrain dans les secteurs de la solidarité, de la santé, du médico-social et du secourisme.

Créé en 1927 et reconnu d'utilité publique depuis 1928, l'Ordre de Malte France soutient et développe des projets de solidarité qui placent la personne humaine au cœur de son action. En s'appuyant sur des valeurs chrétiennes de respect de l'autre et de charité, et sur sa devise *« Obsequium pauperum »* (servir les pauvres et les malades), l'Ordre de Malte France forme des bénévoles et des salariés qui s'engagent, aux côtés des plus fragiles, pour la dignité imprescriptible de toute personne humaine, pour la prise en compte de la dimension sociale et relationnelle de chacun et pour l'attention à la détresse d'autrui. En France, l'Ordre de Malte coordonne 13 établissements sanitaires et médico-sociaux pour l'accueil de personnes en situation de handicap, âgées et dépendantes, ou atteintes de troubles du spectre

autistique. Elle gère aussi 43 unités départementales d'intervention pour le secourisme et 102 délégations de bénévoles engagés pour les actions de solidarité (maraudes, soutien de proximité...). Marie-Laure a pu être aidée par l'Ordre de Malte. Elle a élevé seule son fils, Florent, atteint de trisomie. Ce fut un soulagement pour elle de découvrir que près de chez elle, l'Ordre de Malte France gérait un établissement qui accueillait des personnes en situation de handicap. « Mon legs est modeste à mes yeux, mais c'est ma façon d'exprimer ma profonde gratitude pour tout ce que l'association fait pour les plus fragiles dont mon fils fait partie. C'est aussi beaucoup de sérénité car je sais qu'elle sera toujours là pour lui, pour longtemps. »

Comme Marie-Laure, chaque année, des personnes, avec ou sans enfants, choisissent de transmettre à l'Ordre de Malte pour que perdure cette institution qui porte le souci et le savoir-faire du secours auprès des plus fragiles. C'est entretenir la force d'amour et de fraternité qui nous relie tous.

© Ordre de Malte

Pour nous joindre, contactez Vincent Lazzarin, responsable des Relations Testateurs 42, rue des Volontaires, 75015 Paris – v.lazzarin@ordredemaltefrance.org – 01 55 74 53 53.

Prier avec le Saint-Père

Intention universelle du mois de novembre 2025

Prions pour que les personnes
tentées par le suicide
trouvent dans leur communauté le soutien,
l'attention et l'amour dont elles ont besoin,
et s'ouvrent à la beauté de la vie.

Pour vous aider à prier :
www.prieraucoeurdumonde.net

SAINTS ET SAINTES DU MOIS DE NOVEMBRE 2025

Xavier Lecœur, journaliste et historien

Chaque jour, l'Église fête plusieurs saints et bienheureux : ceux du calendrier romain, ceux des calendriers diocésains et ceux du calendrier des Églises orientales. Tous les mois, Prions en Église *vous propose d'en découvrir quelques-uns.*

1er novembre
Fête de tous les saints

2 novembre
Commémoration de tous les fidèles défunts

3 novembre
St Gwenaël
(VIe siècle)
Disciple, puis successeur de saint Guénolé à la tête du monastère de Landévennec (29), il se fit ensuite missionnaire en Irlande.

4 novembre
St Émeric
(vers 1007-1031)
Durant sa courte vie, ce prince, fils du roi saint Étienne de Hongrie et de la bienheureuse Gisèle, donna des marques d'une grande piété. Canonisé avec son père en 1083.

5 novembre
St Guy-Marie Conforti
(1865-1931)
« Soyons tous des apôtres, car nous le pouvons et nous le devons tous, dans l'état et dans la condition dans laquelle la divine Providence nous a placés », exhortait cet évêque italien, fondateur des Missionnaires xavériens, dédiés à l'évangélisation.

6 novembre
St Paul de Constantinople
(lire page 40)

7 novembre
St Vincent Grossi
(1845-1917)
Il y a dix ans, en 2015, ce prêtre lombard, fondateur de l'Institut des Filles de l'Oratoire pour l'enseignement des enfants des campagnes, était canonisé à Rome. « Faites tout avec amour », répétait-il.

8 novembre
Bse Maria del Carmen et ses compagnes
(XXe siècle)
Ces quatorze religieuses franciscaines

de l'Immaculée Conception furent assassinées en haine de la foi, à Madrid, le 8 novembre 1936. Béatifiées en 2019.

9 novembre
Ste Élisabeth de la Trinité
(1880-1906)
« Plus on donne à Dieu, plus il se donne aussi », affirmait cette jeune carmélite de Dijon qui a laissé de nombreux écrits spirituels. Canonisée en 2016.

10 novembre
St Léon Ier le Grand
(vers 390-461)
Pape pendant vingt et un ans, il tint ferme la barre de l'Église alors que l'Empire romain d'Occident vacillait sous les assauts des Barbares et que l'intégrité de la foi chrétienne était menacée par des hérésies.

11 novembre
St Barthélemy le Jeune
(980-1065)
Disciple de saint Nil de Rossano, il lui succéda comme abbé de Grottaferrata (au sud de Rome). Le monastère, qui existe encore, est de rite byzantin, tout en étant rattaché à l'Église catholique.

12 novembre
St Machar
(VIe siècle)
Moine irlandais, disciple de saint Colomba d'Iona. Il évangélisa les Pictes, au nord-est de l'Écosse. La cathédrale d'Aberdeen lui a été dédiée.

13 novembre
St Homebon
(vers 1117-1197)
Ce marchand de draps de Crémone (Italie) était réputé pour sa piété et son amour des pauvres, qu'il cherchait sans cesse à secourir. Un parfait exemple de sainteté laïque.

14 novembre
Bse Marie Merkert
(1817-1872)
« Évitez les situations, les occasions qui mènent au péché », recommandait cette religieuse allemande, cofondatrice et première supérieure de la congrégation hospitalière des Sœurs de Sainte-Élisabeth. Béatifiée en 2007.

15 novembre
St Joseph Pignatelli
(1737-1811)
Ce jésuite, issu d'une grande famille d'Espagne, œuvra

à la restauration de la Compagnie de Jésus, dissoute par le pape Clément XIV en 1773. Canonisé en 1954.

16 novembre
Ste Gertrude la Grande
(XIIIe siècle)
Célèbre mystique allemande qui vécut au monastère de Helfta (Saxe). Elle témoigna de ses visions et de ses révélations dans un ouvrage intitulé *Le Héraut de l'Amour Divin*.

17 novembre
St Grégoire de Tours
(vers 538-vers 594)
Évêque de Tours, il est l'auteur de vies de saints et d'une *Histoire des Francs* qui en fait le père de l'histoire de France.

18 novembre
Ste Aude
(Ve siècle)
Vierge consacrée à Dieu, Aude fut l'une des disciples de sainte Geneviève, qu'elle assista dans son service aux Parisiens.

19 novembre
St Raphaël Kalinowski
(1835-1907)
« Chaque étape de notre vie devrait nous rapprocher de Dieu », affirmait ce natif de Vilnius (Lituanie) qui contribua à la restauration de l'ordre du Carmel en Pologne. Canonisé en 1991 par saint Jean-Paul II.

20 novembre
Bse Maria-Fortunata Viti
(1830-1922)
Entrée à l'abbaye bénédictine de Veroli (au sud-est de Rome) comme simple sœur converse, elle édifia les autres religieuses pendant soixante-dix ans par son humilité et sa simplicité. Béatifiée en 1967.

21 novembre
St Gélase Ier
(Ve siècle)
Originaire d'Afrique du Nord, il fut élu pape en 492. Il réaffirma avec force la supériorité du pouvoir spirituel sur le pouvoir temporel, ainsi que la primauté du siège de Rome.

22 novembre
Ste Cécile
(IIIe siècle)
Jeune Romaine, vénérée très tôt comme vierge et martyre. Elle fut enterrée au cimetière de Saint-Calixte. Patronne des musiciens.

23 novembre

St Séverin

(VIe siècle)

Connu de son vivant pour sa sagesse et sa sainteté, il vécut en ermite, à Paris, à l'endroit où se situe aujourd'hui l'église qui porte son nom (Paris V^{e}).

24 novembre

Stes Flora et Marie

(IXe siècle)

Soutenues par leur évêque saint Euloge, ces jeunes chrétiennes de Cordoue refusèrent d'abjurer leur foi et furent décapitées.

25 novembre

Bse Béatrice

(vers 1260-1303)

Née à Ornacieux (Isère), elle fonda à Eymeux (26) une Chartreuse où, par amour de la Croix, elle vécut dans un très grand dénuement. Béatifiée en 1869.

26 novembre

Bse Delphine

(1283-1360)

Cette Provençale et son mari saint Elzéar de Sabran menèrent, en toute discrétion, une vie de pénitence et de prière à la cour du roi de Naples. Devenue veuve, elle se dépouilla de ses richesses au profit des pauvres.

27 novembre

St Achaire

(VIIe siècle)

D'abord moine à la célèbre abbaye de Luxeuil (70), il fut ensuite nommé évêque de Noyon et de Tournai. Il favorisa l'évangélisation dans son diocèse.

28 novembre

Ste Catherine Labouré

(1806-1876)

Témoin, en 1830, de trois apparitions de la Vierge Marie, cette humble Fille de la Charité de la rue du Bac, à Paris, fut à l'origine de la diffusion de la Médaille miraculeuse. Canonisée en 1947.

29 novembre

St Saturnin (Sernin)

(IIIe siècle)

Envoyé de Rome pour évangéliser la Gaule, il devint le premier évêque de Toulouse. Il mourut martyr.

30 novembre

St André

(Ier siècle)

On donne parfois à ce pêcheur de Galilée, frère de Simon-Pierre, le titre de « Protoclet », car il fut le premier des Apôtres à être appelé par Jésus. Il est considéré comme le fondateur de l'Église d'Orient.

Prions avec les textes de la messe

DU 1ER AU 30 NOVEMBRE 2025

Samedi 1er novembre, *Tous les saints* . . . . **p. 13**

Dimanche 2 novembre,
commémoration de tous les fidèles défunts . . . . **p. 25**

Dimanche 9 novembre, *dédicace de la basilique du Latran* . . . **p. 71**

Dimanche 16 novembre, *33e dimanche du temps ordinaire* . . **p. 117**

Dimanche 23 novembre, *le Christ Roi de l'univers* . . . . **p. 167**

Dimanche 30 novembre, *1er dimanche de l'Avent* . . . . **p. 215**

Partagez vos intentions de prière

....

....

....

....

....

....

....

....

....

Envoyez vos intentions de prière à :
Prions en Église, Intentions de prière, 15 boulevard Gabriel-Péri, CS 10042 92245 Malakoff Cedex. **Elles seront portées par les lecteurs qui partiront en croisière sur le Rhin pour le pèlerinage de l'Avent, du 8 au 11 décembre, ou un pèlerinage similaire.**

SAMEDI 1ER NOVEMBRE 2025

TOUS LES SAINTS

ANNÉE C – COULEUR LITURGIQUE : BLANC

« Heureux les pauvres de cœur, car le royaume des Cieux est à eux. »

Matthieu 5, 3

Un bonheur exigeant, telle est la promesse de l'Évangile. Car le Seigneur nous laisse libres de vivre comme nous le voulons, mais il éclaire nos chemins. Le Christ nous en a donné l'exemple, aimer est exigeant. Seuls nos renoncements nous mettront dans ses pas, vers ce bonheur sans fin à goûter « dès maintenant » en vivant en enfants de Dieu.

RITES INITIAUX

Chant d'entrée *(Suggestions p. 261)*

OU

Antienne d'ouverture

Tous ensemble, réjouissons-nous dans le Seigneur,
célébrons ce jour de fête en l'honneur de tous les saints.
Les anges se réjouissent avec nous de cette fête ;
ils en glorifient le Fils de Dieu.

Suggestion de préparation pénitentielle *(ou p. 232)*

Frères et sœurs, soyons dans la joie. Le Seigneur veut notre bonheur. Au seuil de cette célébration, demandons-lui de purifier nos cœurs, et reconnaissons que nous sommes pécheurs.

Seigneur Jésus, tu es l'Agneau vainqueur, tu es source de vie. Kyrie, eleison. – ***Kyrie, eleison.***

Ô Christ, tu es l'amour parfait, tu es notre espérance. Christe, eleison. – ***Christe, eleison.***

Seigneur, tu es le vrai bonheur, chemin vers le Royaume. Kyrie, eleison. – ***Kyrie, eleison.***

Que Dieu tout-puissant nous fasse miséricorde ; qu'il nous pardonne nos péchés et nous conduise à la vie éternelle. – ***Amen.***

Gloire à Dieu *(p. 234)*

Prière

Dieu éternel et tout-puissant, tu nous donnes de célébrer dans une même fête la gloire de tous les saints ; puisqu'une telle multitude intercède pour nous, accorde-nous ce que nous désirons : l'abondance de ta miséricorde. Par Jésus… — ***Amen.***

LITURGIE DE LA PAROLE

Lecture de l'Apocalypse de saint Jean (7, 2-4.9-14)

« Voici une foule immense, que nul ne pouvait dénombrer, une foule de toutes nations, tribus, peuples et langues »

Moi, Jean, j'ai vu un ange qui montait du côté où le soleil se lève, avec le sceau qui imprime la marque du Dieu vivant ; d'une voix forte, il cria aux quatre anges qui avaient reçu le pouvoir de faire du mal à la terre et à la mer : « Ne faites pas de mal à la terre, ni à la mer, ni aux arbres, avant que nous ayons marqué du sceau le front des serviteurs de notre Dieu. » Et j'entendis le nombre de ceux qui étaient marqués du sceau : ils étaient cent quarante-quatre mille, de toutes les tribus des fils d'Israël.

Après cela, j'ai vu : et voici une foule immense, que nul ne pouvait dénombrer, une foule de toutes nations, tribus, peuples et langues. Ils se tenaient debout devant le Trône et devant l'Agneau, vêtus de robes blanches, avec des palmes à la main. Et ils s'écriaient d'une voix forte : « Le salut appartient à notre Dieu qui siège sur le Trône

et à l'Agneau ! » Tous les anges se tenaient debout autour du Trône, autour des Anciens et des quatre Vivants ; se jetant devant le Trône, face contre terre, ils se prosternèrent devant Dieu. Et ils disaient : « Amen ! Louange, gloire, sagesse et action de grâce, honneur, puissance et force à notre Dieu, pour les siècles des siècles ! Amen ! » L'un des Anciens prit alors la parole et me dit : « Ces gens vêtus de robes blanches, qui sont-ils, et d'où viennent-ils ? » Je lui répondis : « Mon seigneur, toi, tu le sais. » Il me dit : « Ceux-là viennent de la grande épreuve ; ils ont lavé leurs robes, ils les ont blanchies par le sang de l'Agneau. »
– Parole du Seigneur.

Psaume 23 (24)

℟ ***Voici le peuple de ceux qui cherchent ta face, Seigneur.***

T. : AELF ; M. : J.-P. Lécot ; Éd. : ADF.

Écoutez ce psaume sur **www.prionseneglise.fr/messe-du-dimanche**

Au Seigneur, le monde et sa richesse,
la terre et tous ses habitants !
C'est lui qui l'a fondée sur les mers
et la garde inébranlable sur les flots. ℟

Qui peut gravir la montagne du Seigneur
et se tenir dans le lieu saint ?
L'homme au cœur pur, aux mains innocentes,
qui ne livre pas son âme aux idoles. ℟

Il obtient, du Seigneur, la bénédiction,
et de Dieu son Sauveur, la justice.
Voici le peuple de ceux qui le cherchent !
Voici Jacob qui recherche ta face ! ℟

Lecture de la première lettre de saint Jean (3, 1-3)

« Nous verrons Dieu tel qu'il est »

Bien-aimés, voyez quel grand amour nous a donné le Père pour que nous soyons appelés enfants de Dieu – et nous le sommes. Voici pourquoi le monde ne nous connaît pas : c'est qu'il n'a pas connu Dieu. Bien-aimés, dès maintenant, nous sommes enfants de Dieu, mais ce que nous serons n'a pas encore été manifesté. Nous le savons : quand cela sera manifesté, nous lui serons semblables car nous le verrons tel qu'il est. Et quiconque met en lui une telle espérance se rend pur comme lui-même est pur. – Parole du Seigneur.

Acclamation de l'Évangile

Alléluia. Alléluia. Venez à moi, vous tous qui peinez sous le poids du fardeau, dit le Seigneur, et moi, je vous procurerai le repos. ***Alléluia.***

U 76-98; T. : AELF; M. : P. Robert.

Évangile de Jésus Christ selon saint Matthieu (5, 1-12a)

« Réjouissez-vous, soyez dans l'allégresse, car votre récompense est grande dans les cieux ! »

En ce temps-là, voyant les foules, Jésus gravit la montagne. Il s'assit, et ses disciples s'approchèrent de lui. Alors, ouvrant la bouche, il les enseignait. Il disait : « Heureux les pauvres de cœur, car le royaume des Cieux est à eux. Heureux ceux qui pleurent, car ils seront consolés. Heureux les doux, car ils recevront la terre

en héritage. Heureux ceux qui ont faim et soif de la justice, car ils seront rassasiés. Heureux les miséricordieux, car ils obtiendront miséricorde. Heureux les cœurs purs, car ils verront Dieu. Heureux les artisans de paix, car ils seront appelés fils de Dieu. Heureux ceux qui sont persécutés pour la justice, car le royaume des Cieux est à eux. Heureux êtes-vous si l'on vous insulte, si l'on vous persécute et si l'on dit faussement toute sorte de mal contre vous, à cause de moi. Réjouissez-vous, soyez dans l'allégresse, car votre récompense est grande dans les cieux ! »

Homélie

Profession de foi *(p. 235)*

Suggestion de prière universelle

Le prêtre :

Sûrs du grand amour dont notre Père du ciel nous aime, adressons-lui notre prière pour tous les hommes, en particulier pour tous ceux qui souffrent.

℟ ***Toi qui nous aimes, écoute-nous, Seigneur.***

Y 55-4 SM ; T. : M. Scouarnec ; M. : J. Akepsimas.

℟ ***Toi qui nous aimes, écoute-nous, Seigneur.***

Le diacre ou un lecteur :

L'Église doit annoncer l'amour du Père aux foules qui ne le connaissent pas encore. Pour qu'elle puise des forces nouvelles chaque jour dans ta parole, Dieu, nous te prions. ℟

Le monde est encore traversé par des guerres, des injustices, des violences. Pour que les dirigeants politiques travaillent au service de la paix et du bien commun, Dieu, nous te prions. ℟

L'épreuve de la maladie, de la souffrance, de l'isolement conduit parfois au désespoir. Pour que les personnes n'osant plus croire au bonheur retrouvent l'espérance, Dieu, nous te prions. ℟

Le monde ne nous connaît pas, mais c'est au cœur du monde qu'il nous faut être témoins de l'amour du Christ. Pour que l'eucharistie stimule notre charité, Dieu, nous te prions. ℟

(Ces intentions seront adaptées ou modifiées selon les circonstances. On peut aussi s'inspirer de l'intention universelle du Saint-Père, p. 6.)

Le prêtre : À tes enfants, Dieu notre Père, accorde la joie de vivre l'Évangile et de l'annoncer. Par le Christ, notre Seigneur. — ***Amen.***

LITURGIE EUCHARISTIQUE

Prière sur les offrandes

Daigne accepter, Seigneur, l'offrande que nous te présentons en l'honneur de tous les saints ; puisque nous croyons qu'ils sont déjà dans la paix de l'immortalité, accorde-nous d'éprouver aussi leur sollicitude pour notre salut. Par le Christ, notre Seigneur. **— Amen.**

Prière eucharistique *(Préface de Tous les saints)*

Vraiment, il est juste et bon, pour ta gloire et notre salut, de t'offrir notre action de grâce, toujours et en tout lieu, Seigneur, Père très saint, Dieu éternel et tout-puissant. Car tu nous donnes de célébrer aujourd'hui la cité du ciel, notre mère la Jérusalem d'en haut ; c'est là que nos frères les saints, déjà rassemblés, chantent sans fin ta louange. Et nous qui marchons vers elle par le chemin de la foi, nous hâtons le pas, joyeux de voir glorifiés ces enfants de l'Église dont tu fais un exemple et un secours pour notre faiblesse. C'est pourquoi, avec la foule immense des saints et des anges, d'une seule voix, nous célébrons ta louange en proclamant : ***Saint ! Saint ! Saint…***

Chant de communion *(Suggestions p. 261)*

OU

Antienne de la communion

Heureux les cœurs purs, car ils verront Dieu !
Heureux les artisans de paix,
car ils seront appelés fils de Dieu !
Heureux ceux qui sont persécutés pour la justice,
car le royaume des Cieux est à eux !
(Mt 5, 8-10)

Prière après la communion

Tu es admirable, Seigneur Dieu ; tu es le seul saint, toi que nous adorons dans tous les saints ; nous implorons ta grâce : quand par elle nous serons parvenus à la sainteté dans la plénitude de ton amour, fais-nous passer de la table des pèlerins au banquet de la patrie du ciel. Par le Christ, notre Seigneur. **– *Amen.***

RITE DE CONCLUSION

Bénédiction solennelle

Dieu lui-même est la gloire et le bonheur des saints, il vous donne le réconfort de leurs prières : qu'il vous bénisse à jamais.
– *Amen.*
L'intercession des saints vous délivre du mal présent, l'exemple de leur sainteté vous instruit : soyez toujours prêts à servir Dieu et vos frères. **– *Amen.***
Puissiez-vous, tous ensemble, posséder le bonheur de la patrie où la sainte Église se réjouit de voir ses enfants associés aux citoyens du ciel dans la paix éternelle. **– *Amen.***
Et que la bénédiction de Dieu tout-puissant, le Père, et le Fils, ✠ et le Saint-Esprit, descende sur vous et y demeure toujours.
– *Amen.*

Envoi

COMMENTAIRE DE LA TOUSSAINT

Jonathan Guilbault, directeur éditorial de *Prions en Église* Canada

Soyons des saints joyeux !

Quand ma petite sœur est entrée à l'école élémentaire, trois ans après moi, plusieurs enseignants lui ont réservé un accueil chaleureux, heureux de retrouver un peu du petit garçon curieux que j'avais été. Je lui avais aussi donné quelques « trucs » pour amadouer chacun d'eux. Bref, je lui avais bien « préparé le chemin ».

C'est un peu dans ce sens que j'imagine ce que le Christ voulait dire en annonçant qu'une fois parti, il nous préparerait une place dans la maison de son Père. Par toute sa vie sur terre, rythmée par les Béatitudes, il a ouvert le passage sur ce chemin étroit qui va de la vie à la mort, puis de la mort à la vie éternelle.

La Toussaint célèbre tous ceux et celles qui ont emprunté ce chemin avec foi et amour. Des hommes et des femmes, connus •••

••• ou inconnus, qui ont vécu en amis de Dieu, comme des doux, des « pauvres de cœur » et dont la vie, même discrète, continue d'éclairer la nôtre. C'est une fête de lumière, qui nous rappelle que la sainteté n'est pas réservée à quelques héros, mais qu'elle est un appel pour chacun.

Nous ne sommes pas seuls à marcher. Une foule invisible nous entoure, nous soutient, nous encourage. Et nous croyons qu'au bout du chemin, des bras tendus et des sourires sincères nous attendent, parce qu'un grand frère exceptionnel – le Christ – nous y a précédés. Nous sommes attendus avec joie.

~

Qui, dans ma vie, m'a déjà « préparé le chemin » ?

Pour qui puis-je le faire à mon tour ? ■

DIMANCHE 2 NOVEMBRE 2025

COMMÉMORATION DE TOUS LES FIDÈLES DÉFUNTS

ANNÉE C – COULEUR LITURGIQUE : VIOLET

« Vous croyez en Dieu, croyez aussi en moi. »
Jean 14, 1

© Marion Duval

Nous sommes créés pour la vie, et si le péché nous détourne de l'amour de Dieu, le Christ se fait pour nous le chemin du salut. Tous ceux qui croient en lui pourront alors partager la vie éternelle auprès du Père. En faisant mémoire des défunts qui nous sont chers, nous poursuivons notre route en pèlerins d'espérance, jusqu'à nous réjouir avec eux dans le ciel.

RITES INITIAUX

Chant d'entrée *(Suggestions p. 261)*
OU
Antienne d'ouverture
Jésus est mort et ressuscité ; de même, ceux qui se sont endormis, Dieu, par Jésus, les emmènera avec lui. En effet, de même que tous les hommes meurent en Adam, de même c'est dans le Christ que tous recevront la vie. (cf. 1 Th 4, 14 ; 1 Co 15, 22)

Suggestion de préparation pénitentielle *(ou p. 232)*
Par son mystère pascal, le Christ a vaincu le mal et la mort. C'est pourquoi nous pouvons compter sur sa miséricorde. Demandons-lui pardon pour nos péchés.

Seigneur Jésus, descendu du ciel, tu es le Chemin qui nous conduit au Père. Toi qui ravives notre foi, prends pitié de nous.
— Prends pitié de nous.
Ô Christ, Seigneur des morts et des vivants, tu es la Vérité de l'amour. Toi qui réveilles notre charité, prends pitié de nous.
— Prends pitié de nous.
Seigneur, source de vie éternelle, tu nous appelles à partager ta gloire. Toi qui affermis notre espérance, prends pitié de nous.
— Prends pitié de nous.

Que Dieu tout-puissant nous fasse miséricorde ; qu'il nous pardonne nos péchés et nous conduise à la vie éternelle. ***— Amen.***

Gloire à Dieu (p. 234)

Prière

Écoute nos prières avec bonté, Seigneur, nous t'en prions : tandis que grandit notre foi en ton Fils ressuscité d'entre les morts, affermis aussi notre espérance, puisque nous attendons la résurrection de ceux qui t'ont servi. Par Jésus… — ***Amen.***

LITURGIE DE LA PAROLE

Pour la liturgie des défunts, le Missel et le Lectionnaire offrent un choix abondant de prières et de lectures : nous en présentons ici une sélection. Les communautés peuvent faire d'autres choix.

Lecture du livre du prophète Isaïe (25, 6a.7-9)

« Il fera disparaître la mort pour toujours »

En ce jour-là, le Seigneur de l'univers préparera pour tous les peuples un festin sur sa montagne. Sur cette montagne, il fera disparaître le voile de deuil qui enveloppe tous les peuples et le linceul qui couvre toutes les nations. Il fera disparaître la mort pour toujours. Le Seigneur Dieu essuiera les larmes sur tous les visages, et par toute la terre il effacera l'humiliation de son peuple. Le Seigneur a parlé. Et ce jour-là, on dira : « Voici notre Dieu, en lui nous espérions, et il nous a sauvés; c'est lui le Seigneur, en lui nous espérions; exultons, réjouissons-nous : il nous a sauvés ! » – Parole du Seigneur.

Psaume 26 (27)

℟ *J'en suis sûr, je verrai les bontés du Seigneur sur la terre des vivants.*

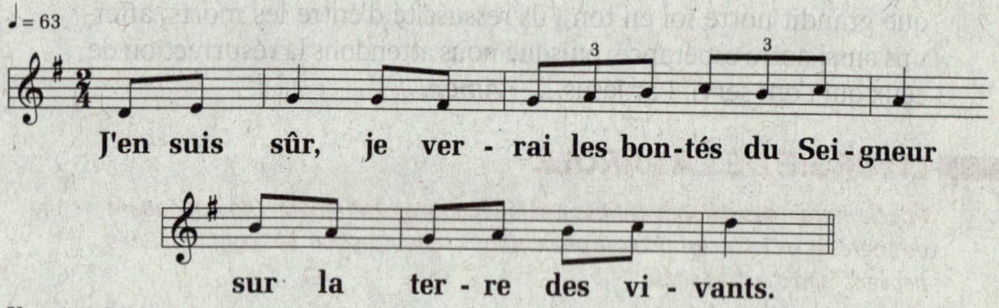

Versets 1 & 4

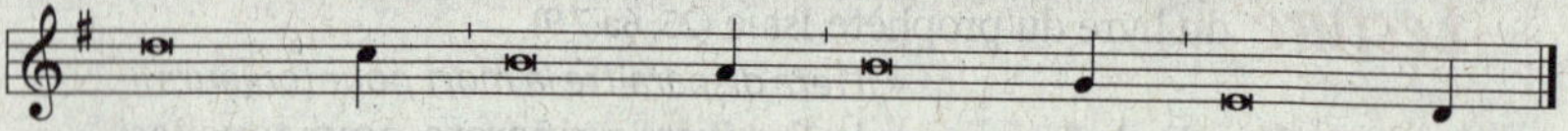

Versets 2 & 3

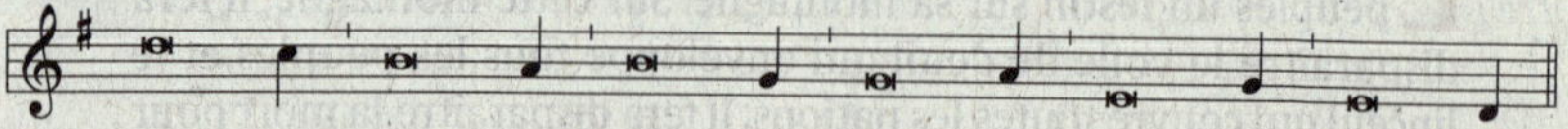

T. : AELF; M. : T. Ospital; Éd. : ADF.

Le Seigneur est ma lumière et mon salut ;
de qui aurais-je crainte ?
Le Seigneur est le rempart de ma vie ;
devant qui tremblerais-je ? ℟

Écoutez ce psaume sur
www.prionseneglise.fr/messe-du-dimanche

J'ai demandé une chose au Seigneur,
la seule que je cherche :
habiter la maison du Seigneur
tous les jours de ma vie,
pour admirer le Seigneur dans sa beauté
et m'attacher à son temple. ℟

Écoute, Seigneur, je t'appelle !
Pitié ! Réponds-moi !
Mon cœur m'a redit ta parole :
« Cherchez ma face. »
C'est ta face, Seigneur, que je cherche :
ne me cache pas ta face. ℟

Mais j'en suis sûr, je verrai les bontés du Seigneur
sur la terre des vivants.
« Espère le Seigneur, sois fort et prends courage ;
espère le Seigneur. » ℟

Lecture de la lettre de saint Paul apôtre aux Romains (14, 7-9.10c-12)

« Dans notre vie comme dans notre mort,
nous appartenons au Seigneur »

Frères, aucun d'entre nous ne vit pour soi-même, et aucun ne meurt pour soi-même : si nous vivons, nous vivons pour le Seigneur ; si nous mourons, nous mourons pour le Seigneur. Ainsi, dans notre vie comme dans notre mort, nous appartenons au Seigneur. Car, si le Christ a connu la mort, puis la vie, c'est pour devenir le Seigneur et des morts et des vivants. Tous, en effet, nous comparaîtrons devant le tribunal de Dieu. Car il est écrit : ***Aussi vrai que je suis vivant, dit le Seigneur, tout genou fléchira devant moi, et toute langue proclamera la louange de Dieu.*** **Ainsi chacun de nous rendra compte à Dieu pour soi-même.**

– Parole du Seigneur.

Acclamation de l'Évangile

Alléluia. Alléluia. Jésus Christ, le premier-né des morts, à lui, la gloire et la souveraineté pour les siècles des siècles. Amen. ***Alléluia.***

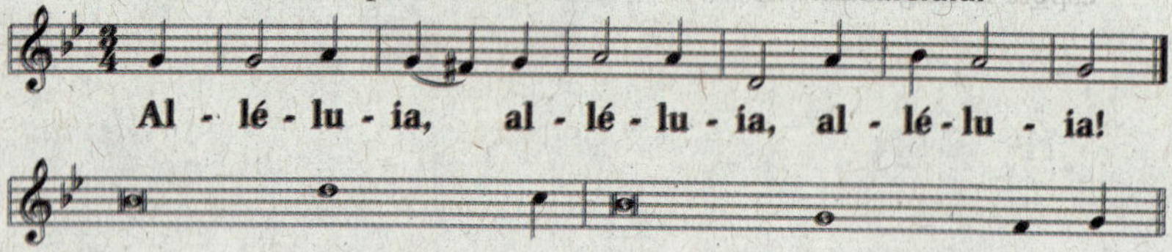

136 ; air ancien ; Ton : P. Robert.

Évangile de Jésus Christ selon saint Jean (14, 1-6)

« Dans la maison du Père,
il y a de nombreuses demeures »

En ce temps-là, Jésus disait à ses disciples : « Que votre cœur ne soit pas bouleversé : vous croyez en Dieu, croyez aussi en moi. Dans la maison de mon Père, il y a de nombreuses demeures ; sinon, vous aurais-je dit : "Je pars vous préparer une place" ? Quand je serai parti vous préparer une place, je reviendrai et je vous emmènerai auprès de moi, afin que là où je suis, vous soyez, vous aussi. Pour aller où je vais, vous savez le chemin. » Thomas lui dit : « Seigneur, nous ne savons pas où tu vas. Comment pourrions-nous savoir le chemin ? » Jésus lui répond : « Moi, je suis le Chemin, la Vérité et la Vie ; personne ne va vers le Père sans passer par moi. »

Homélie

Profession de foi *(p. 235)*

Suggestion de prière universelle

Le prêtre :

En communion avec l'Église du ciel, frères et sœurs, prions le Père céleste pour toute l'humanité, pour les défunts, pour les vivants dans l'épreuve.

℟ ***Souviens-toi, Seigneur, de ton amour !***

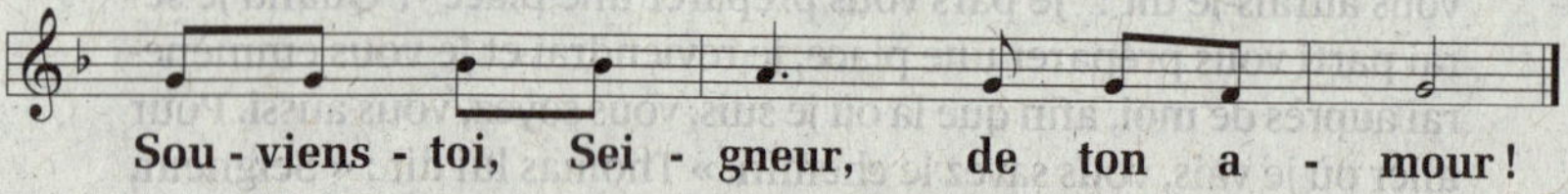

T. et M. : J. Gelineau.

Le diacre ou un lecteur :

Le Christ est venu nous révéler l'amour du Père. Pour que l'Église annonce sa parole à tous les hommes et qu'elle les aide à découvrir la joie de l'Évangile, Dieu de joie, nous te prions. ℟

Le Christ ressuscité est notre paix. Pour que tous les dirigeants protègent la liberté religieuse et que le dialogue entre les religions favorise la paix, Dieu de paix, nous te prions. ℟

Le Christ a vaincu la mort pour donner la vie éternelle à tous les hommes. Pour que nos défunts vivent déjà dans la lumière et qu'ils intercèdent auprès du Père pour leurs familles, Dieu de vie, nous te prions. ℟

Le Christ est le chemin de l'unité dans la charité. Pour que nous soyons artisans de réconciliation, serviteurs du Seigneur et apôtres d'espérance, Dieu de communion, nous te prions. ℟

(Ces intentions seront adaptées ou modifiées selon les circonstances. On peut aussi s'inspirer de l'intention universelle du Saint-Père, p. 6.)

Le prêtre :

Dieu notre Père, toi le Dieu des vivants, daigne répondre aux appels que nous t'adressons pour tous les hommes. Révèle à chacun ta gloire. Par Jésus le Christ, notre Seigneur. — ***Amen.***

LITURGIE EUCHARISTIQUE

Prière sur les offrandes

Sois favorable à nos offrandes, Seigneur : que les fidèles défunts parviennent à la gloire avec ton Fils à qui nous sommes unis par l'admirable sacrement de son amour. Lui qui… — ***Amen.***

Prière eucharistique *(1re préface des défunts)*

Vraiment, il est juste et bon, pour ta gloire et notre salut, de t'offrir notre action de grâce, toujours et en tout lieu, Seigneur, Père très saint, Dieu éternel et tout-puissant, par le Christ, notre Seigneur. C'est en lui qu'a resplendi pour nous l'espérance de la résurrection bienheureuse ; et si la loi de la mort nous afflige, la promesse de l'immortalité nous apporte la consolation. Car pour ceux qui croient en toi, Seigneur, la vie est transformée, elle n'est pas enlevée ; et lorsque prend fin leur séjour sur la terre, ils ont déjà une demeure éternelle dans les cieux. C'est pourquoi, avec les anges et les archanges, avec les puissances d'en haut et tous les esprits bienheureux, nous chantons l'hymne de ta gloire et sans fin nous proclamons : ***Saint ! Saint ! Saint…***

Chant de communion *(Suggestions p. 261)*

OU

Antienne de la communion

Je suis la résurrection et la vie, dit le Seigneur.
Celui qui croit en moi, même s'il meurt, vivra ;
et quiconque vit et croit en moi ne mourra jamais. (cf. Jn 11, 25-26)

Prière après la communion

Accorde aux fidèles défunts, Seigneur, de passer dans ta demeure de lumière et de paix, car c'est pour eux que nous avons célébré le sacrement pascal. Par le Christ, notre Seigneur. **— *Amen.***

RITE DE CONCLUSION

Bénédiction

Envoi

COMMENTAIRE DU DIMANCHE

Marie-Caroline Bustarret, théologienne,
enseignante aux facultés Loyola Paris

La mort n'existe plus

En ce jour de « commémoration des fidèles défunts », plus communément connu sous le terme de « jour des morts », nous faisons mémoire de ceux qui nous précèdent dans la mort, nous prions pour eux et leur demandons d'intercéder pour nous. En nous proposant ainsi d'entrer dans cet échange de prières qui nous relie aux défunts, la liturgie nous rappelle que notre Dieu n'est pas le Dieu des morts mais bien le Dieu des vivants, ainsi que l'affirme Jésus lui-même dans l'évangile de Matthieu. Si nous pouvons prier les uns pour les autres par-delà les frontières de la mort c'est précisément parce que nous portons la foi que, au-delà de la mort, c'est la vie et les vivants qui nous attendent. S'adressant à ses disciples dans le discours dont nous lisons un extrait aujourd'hui, Jésus tient des paroles qui •••

••• incarnent cette foi. Il fait aussi résonner celles prononcées quelques siècles plus tôt par le prophète Isaïe. Isaïe annonçait la fin du deuil, des larmes et des humiliations, il avait même l'audace inouïe d'affirmer que Dieu fera disparaître la mort pour toujours. Nous, chrétiens qui lisons ces lignes, nous croyons qu'en Jésus la mort « a disparu », qu'en lui les larmes sont essuyées et qu'en lui la vie nous est donnée dès aujourd'hui et qu'elle ne nous sera pas retirée. Car l'Évangile nous apprend que la mort n'a pas eu le dernier mot, que Jésus est vivant et qu'il réserve une place pour chacun de nous auprès de lui dans le royaume du Père.

« Que votre cœur ne soit pas bouleversé. »
Comment est-ce que j'envisage de laisser ces mots me soutenir dans les périodes d'épreuves ?
« Personne ne va vers le Père sans passer par moi. »
Que signifient ces paroles de Jésus pour moi aujourd'hui ? ■

Prions en Église Junior

LIRE L'ÉVANGILE AVEC LES ENFANTS

2-8

CE QUE JE DÉCOUVRE

T'es-tu déjà promené en forêt ou à la montagne ?
Pour indiquer le chemin, il y a des panneaux.
Sans cela, tu pourrais te perdre !
La vie est comme une longue randonnée. Parfois, nous risquons de nous perdre. Heureusement, Jésus nous guide vers son Père : il est le Chemin, la Vérité et la Vie.
C'est lui qui a placé sur notre route les panneaux « Tu aimeras Dieu de tout ton cœur », « Tu aimeras ton prochain comme toi-même », « Heureux ceux qui pleurent, ils seront consolés ». Ces panneaux nous montrent le chemin vers Dieu et vers le bonheur.

CE QUE JE VIS

As-tu le souvenir d'une belle promenade ? Comment était-elle ?
Qui montrait le chemin ? Quelles paroles de Jésus te guident ?
Écris-les sur une feuille au centre de laquelle tu te dessines à côté de Jésus, en train de lui dire : « Merci. »

Texte : Thibault Van Den Driessche. Illustrations : Marcelino Truong

MÉDITATION BIBLIQUE

COMMÉMORATION DE TOUS LES FIDÈLES DÉFUNTS

Évangile selon saint Jean 14, 1-6

La route est dégagée

Lire les Évangiles équivaut à lire la vie de Jésus comme méthode pour aller au Père.

Le temps de la préparation

« J'ai demandé une chose au Seigneur, la seule que je cherche : habiter la maison du Seigneur tous les jours de ma vie, pour admirer le Seigneur dans sa beauté et m'attacher à son temple. » (Ps 26, 4)

Le temps de l'observation

Jésus s'apprête à partir vers le Père, c'est-à-dire retourner à la source de tout amour. Il prépare ses disciples à la séparation et à des retrouvailles futures. Jésus rend visible un chemin qui sera ouvert à qui veut l'emprunter. « Pour aller où je vais, vous savez le chemin. » Thomas ne comprend pas ou ne veut pas comprendre. Il souhaiterait peut-être un plan, des coordonnées GPS, une méthode précise pour être sûr d'arriver au bon endroit sans se tromper. Il voudrait que Jésus soit plus précis, clair, logique, qu'il propose un processus, une marche à suivre : petit a, petit b, petit c. Thomas doute, il n'est pas sûr de lui. Jésus entend et lui répond. « Moi, je suis le Chemin, la Vérité et la Vie. » Jésus est le Chemin, il n'y a pas de meilleure réponse. La façon de vivre de Jésus dévoile la méthode pour arriver au Père. L'itinéraire est accessible à tous, aux sages et aux intelligents comme aux petits et à ceux qui ploient sous leur fardeau.

Le temps de la méditation

Puisque Jésus est le Chemin, la route est désormais dégagée. Elle est simple et accessible à chacun. Des personnes non chrétiennes l'empruntent au quotidien sans s'en rendre compte. Elle consiste à aider les boiteux à marcher et les aveugles à voir, à soigner les malades pour qu'ils guérissent, à faire en sorte que tous les lépreux – entendez tous les gens que nous excluons parce que nous en avons peur – aient une place parmi nous, à nourrir ceux qui sont affamés de pain ou de justice, à ressusciter les morts que nous croisons au quotidien et à ne pas exclure les pauvres de toutes ces activités. Voilà le chemin qui mène au Père selon la vie de Jésus lui-même. Les personnes décédées que nous avons connues, à leur façon, ont été sur ce chemin toute leur vie. Cela explique que le Père accueille la multitude dans son intimité. L'espérance consiste à demeurer sur ce chemin en se réjouissant d'avancer avec d'autres.

Le temps de la prière

« Mais j'en suis sûr, je verrai les bontés du Seigneur sur la terre des vivants. "Espère le Seigneur, sois fort et prends courage ; espère le Seigneur." » (Ps 26, 13-14) ■

Marie-Laure Durand, bibliste

LE SAINT DU MOIS

6 NOVEMBRE : SAINT PAUL DE CONSTANTINOPLE (IVE SIÈCLE)

Martyr du Credo

L'Église commémore cette année le 1700e anniversaire du premier concile œcuménique de Nicée (aujourd'hui Iznik, en Turquie). Convoqué au printemps 325 par l'empereur Constantin, ce rassemblement inédit de quelque 300 évêques condamna fermement la doctrine du prêtre Arius qui niait la pleine divinité du Christ. En réaction, ils adoptèrent un texte affirmant que le Fils de Dieu est « consubstantiel » au Père. Ce Symbole de Nicée est à l'origine du Credo que nous récitons encore aujourd'hui. Alors jeune prêtre à Constantinople, Paul dut penser, comme beaucoup, que le débat sur l'hérésie arienne était clos. Hélas, il n'en fut rien : l'arianisme continua de fracturer l'Église pendant plus d'un demi-siècle, transformant en un vrai chemin de croix la vie de plusieurs évêques. Le plus célèbre d'entre eux, saint Athanase d'Alexandrie, fut ainsi exilé à cinq reprises ! Paul lui-même, devenu évêque de Constantinople en 337, connut trois exils. Leur tort ? Défendre le Credo de Nicée, alors que le nouvel empereur d'Orient, Constance II, était favorable aux évêques ariens. Lors de son premier exil, Paul, réfugié à Rome, reçut le soutien du pape Jules Ier qui exigea la réintégration des évêques bannis. Lors de son deuxième exil, l'évêque de Constantinople eut un allié de poids : l'empereur d'Occident, Constant Ier, qui menaça de guerre son frère

Constance II si Paul n'était pas rétabli sur le siège de Constantinople.

Mais, peu après, Constant Ier fut assassiné ; Constance II, désormais seul maître de l'Empire romain, s'en prit de nouveau aux adversaires de l'arianisme. Paul fut enlevé secrètement, déporté dans deux villes lointaines, avant d'être emprisonné puis étranglé à Cucuse, en Cappadoce, en 351. Ce n'est que trente ans plus tard que ce fidèle confesseur de la foi fut réhabilité : en 381, ses reliques furent solennellement rapportées à Constantinople, sur ordre de l'empereur Théodose Ier. ■

Xavier Lecœur, journaliste et historien

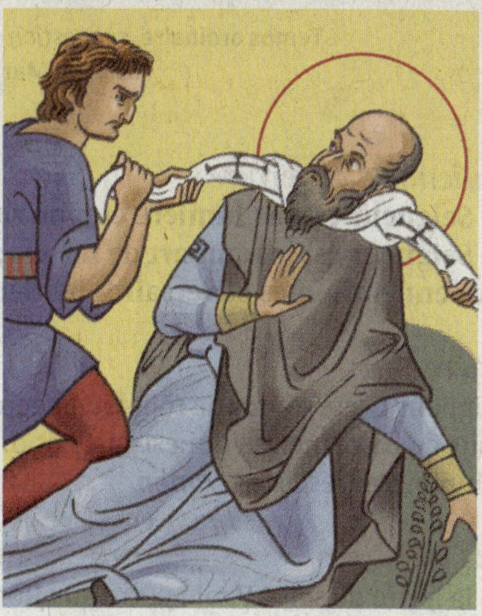

UN SAINT POUR AUJOURD'HUI

Il arrive sans doute à chacun d'entre nous de réciter le Credo d'une façon machinale. La lutte que mena saint Paul de Constantinople et la destinée tragique qui fut la sienne viennent nous rappeler la valeur et la profondeur de cette profession de foi chrétienne.

LUNDI 3 NOVEMBRE 2025

31E SEMAINE DU TEMPS ORDINAIRE COULEUR LITURGIQUE : VERT

Temps ordinaire, *suggestion d'oraisons et d'antiennes n° 10*
ou **saint Martin de Porrès**

Antienne d'ouverture

Le Seigneur est ma lumière et mon salut; de qui aurais-je crainte ?
Le Seigneur est le rempart de ma vie; devant qui tremblerais-je ?
Mes ennemis, mes adversaires perdent pied et succombent. (Ps 26, 1-2)

Prière

Seigneur Dieu, source de tout bien, réponds sans te lasser à notre appel : inspire-nous de discerner ce qui est juste et dirige-nous pour que nous puissions l'accomplir. Par Jésus… ***— Amen.***

Lecture

de la lettre de saint Paul apôtre aux Romains (11, 29-36)

« Dieu a enfermé tous les hommes
dans le refus de croire pour faire à tous miséricorde »

Frères, les dons gratuits de Dieu et son appel sont sans repentance. Jadis, en effet, vous avez refusé de croire en Dieu, et maintenant, par suite du refus de croire d'une partie d'Israël, vous avez obtenu miséricorde; de même, maintenant, ce sont eux qui ont refusé de croire, par suite de la miséricorde que vous avez obtenue, mais c'est pour qu'ils obtiennent miséricorde, eux aussi. Dieu, en effet, a enfermé tous les

hommes dans le refus de croire pour faire à tous miséricorde.
Quelle profondeur dans la richesse, la sagesse et la connaissance de Dieu ! Ses décisions sont insondables, ses chemins sont impénétrables ! Qui a connu la pensée du Seigneur ? Qui a été son conseiller ? Qui lui a donné en premier et mériterait de recevoir en retour ? Car tout est de lui, et par lui, et pour lui. À lui la gloire pour l'éternité ! Amen. – Parole du Seigneur.

Psaume 68 (69)

℟ ***Dans ton grand amour, Dieu, réponds-moi.***

Me voici, humilié, meurtri,
que ton salut, Dieu, me redresse.
Et je louerai le nom de Dieu par un cantique,
je vais le magnifier, lui rendre grâce. ℟

Les pauvres l'ont vu, ils sont en fête :
« Vie et joie, à vous qui cherchez Dieu ! »
Car le Seigneur écoute les humbles,
il n'oublie pas les siens emprisonnés. ℟

Car Dieu viendra sauver Sion
et rebâtir les villes de Juda.
Il en fera une habitation, un héritage :
patrimoine pour les descendants
de ses serviteurs, demeure
pour ceux qui aiment son nom. ℟

Acclamation de l'Évangile

Alléluia. Alléluia. Si vous demeurez dans ma parole, vous êtes vraiment mes disciples ; alors vous connaîtrez la vérité, dit le Seigneur. ***Alléluia.***

Évangile de Jésus Christ

selon saint Luc (14, 12-14)

« N'invite pas tes amis ; invite des pauvres, des estropiés »

En ce temps-là, Jésus disait au chef des pharisiens qui l'avait invité : « Quand tu donnes un déjeuner ou un dîner, n'invite pas tes amis, ni tes frères, ni tes parents, ni de riches voisins ; sinon, eux aussi te rendraient l'invitation et ce serait pour toi un don en retour. Au contraire, quand tu donnes une réception, invite des pauvres, des estropiés, des boiteux, des aveugles ; heureux seras-tu, parce qu'ils n'ont rien à te donner en retour : cela te sera rendu à la résurrection des justes. »

Prière sur les offrandes

Regarde favorablement tes serviteurs, Seigneur, nous t'en prions : que notre offrande soit pour toi un présent agréable et nous fasse grandir en charité. Par le Christ, notre Seigneur. — ***Amen.***

Antienne de la communion

Le Seigneur est ma forteresse,
mon refuge et mon libérateur.
Mon Dieu vient à mon aide.
(cf. Ps 17, 2-3)

OU

Dieu est amour :
qui demeure dans l'amour
demeure en Dieu,
et Dieu demeure en lui. (1 Jn 4, 16)

Prière après la communion

Par ta force de guérison, Seigneur, dans ta bonté, libère-nous de nos égarements, et conduis-nous sur le droit chemin. Par le Christ, notre Seigneur.
— Amen.

INVITATION

Sans rien attendre en retour, je cherche aujourd'hui une occasion de donner.

COMMENTAIRE

La danse des dons

Luc 14, 12-14

Luc, qui écrit pour un milieu instruit et aisé, sait que l'échange des dons peut facilement tourner en rond dans des « clubs » fermés qui n'enrichissent pas le lien social mais, au contraire, tendent à le cloisonner et à le rendre stérile. Oser élargir notre générosité gratuitement vers ceux qui ne rendront pas, c'est miser sur un autre partenaire, Dieu, dont la générosité attend de rentrer dans la danse des dons. ■

Jean-Marc Liautaud*, Fondacio*

MARDI 4 NOVEMBRE 2025

31E SEMAINE DU TEMPS ORDINAIRE COULEUR LITURGIQUE : BLANC

Saint Charles Borromée

1538-1584. Neveu du pape Pie IV, il fut nommé archevêque de Milan en 1564. Il travailla à la rénovation en profondeur de l'Église, dans l'esprit du concile de Trente.

Antienne d'ouverture

Je m'occuperai de mes brebis, je veillerai sur elles, dit le Seigneur,
je susciterai à leur tête un seul berger.
Moi, le Seigneur, je serai leur Dieu. (cf. Ez 34, 11.23-24)

OU

Voici l'intendant fidèle et avisé que le maître a établi sur sa maison,
pour donner à chacun, en temps voulu, sa part de blé. (cf. Lc 12, 42)

Prière

Maintiens dans ton peuple, Seigneur, l'esprit qui animait l'évêque saint Charles Borromée : que ton Église se renouvelle sans cesse et qu'en se conformant à l'image du Christ, elle puisse montrer au monde le visage de son Seigneur. Lui qui… — ***Amen.***

Lecture

de la lettre de saint Paul apôtre aux Romains (12, 5-16b)

« Nous sommes membres les uns des autres »

Frères, nous qui sommes plusieurs, nous sommes un seul corps dans le Christ, et membres les uns des autres, chacun pour sa part. Et selon la grâce que Dieu nous a accordée, nous avons reçu des dons qui sont différents.

Si c'est le don de prophétie, que ce soit à proportion du message confié ; si c'est le don de servir, que l'on serve ; si l'on est fait pour enseigner, que l'on enseigne ; pour réconforter, que l'on réconforte. Celui qui donne, qu'il soit généreux ; celui qui dirige, qu'il soit empressé ; celui qui pratique la miséricorde, qu'il ait le sourire. Que votre amour soit sans hypocrisie. Fuyez le mal avec horreur, attachez-vous au bien. Soyez unis les uns aux autres par l'affection fraternelle, rivalisez de respect les uns pour les autres. Ne ralentissez pas votre élan, restez dans la ferveur de l'Esprit, servez le Seigneur, ayez la joie de l'espérance, tenez bon dans l'épreuve, soyez assidus à la prière. Partagez avec les fidèles qui sont dans le besoin, pratiquez l'hospitalité avec empressement. Bénissez ceux qui vous persécutent ; souhaitez-leur du bien, et non pas du mal. Soyez joyeux avec ceux qui sont dans la joie, pleurez avec ceux qui pleurent. Soyez bien d'accord les uns avec les autres ; n'ayez pas le goût des grandeurs, mais laissez-vous attirer par ce qui est humble.

– Parole du Seigneur.

Psaume 130 (131)

℟ ***Garde mon âme dans la paix près de toi, Seigneur.***

Seigneur, je n'ai pas le cœur fier
ni le regard ambitieux ;
je ne poursuis ni grands desseins,
ni merveilles qui me dépassent. ℟

Non, mais je tiens mon âme
égale et silencieuse ;
mon âme est en moi comme un enfant,
comme un petit enfant contre sa mère. ℟

Attends le Seigneur, Israël,
maintenant et à jamais. ℟

Acclamation de l'Évangile

Alléluia. Alléluia. Venez à moi, vous tous qui peinez sous le poids du fardeau, dit le Seigneur, et moi, je vous procurerai le repos. ***Alléluia.***

Évangile de Jésus Christ

selon saint Luc (14, 15-24)

« Va sur les routes et dans les sentiers, et fais entrer les gens de force, afin que ma maison soit remplie »

En ce temps-là, au cours du repas chez un chef des pharisiens, en entendant parler Jésus, un des convives lui dit : « Heureux celui qui participera au repas dans le royaume de Dieu ! » Jésus lui dit : « Un homme donnait un grand dîner, et il avait invité beaucoup de monde. À l'heure du dîner, il envoya son serviteur dire aux invités : "Venez, tout est prêt." Mais ils se mirent tous, unanimement, à s'excuser. Le premier lui dit : "J'ai acheté un champ, et je suis obligé d'aller le voir ; je t'en prie, excuse-moi." Un autre dit : "J'ai acheté cinq paires de bœufs, et je pars les essayer ; je t'en prie, excuse-moi." Un troisième dit : "Je viens de me marier, et c'est pourquoi je ne peux pas venir." De retour, le serviteur rapporta ces paroles à son maître. Alors, pris de colère, le maître de maison dit à son serviteur : "Dépêche-toi d'aller sur les places et dans les rues de la ville ; les pauvres, les estropiés, les aveugles et les boiteux, amène-les ici.” Le serviteur revint lui dire : “Maître, ce que tu as ordonné est exécuté, et il reste encore de la place.” Le maître dit alors au serviteur : “Va sur les routes et dans les sentiers, et fais entrer les gens de force, afin que ma maison soit remplie. Car, je vous le dis, aucun de ces hommes qui avaient été invités ne goûtera de mon dîner.” »

Prière sur les offrandes

Regarde, Seigneur, les offrandes apportées à ton autel en la mémoire de saint Charles Borromée ; de même que tu l’as glorifié pour sa vigilance pastorale et l’excellence de ses vertus, accorde-nous, par la puissance de ce sacrifice, de porter dans notre vie des fruits en abondance. Par le Christ, notre Seigneur. **— *Amen.***

Antienne de la communion

Ce n’est pas vous qui m’avez choisi,
dit le Seigneur, c’est moi
qui vous ai choisis et établis,
afin que vous alliez, que vous portiez
du fruit, et que votre fruit demeure.
(cf. Jn 15, 16)

OU

Heureux ce serviteur que le maître,
quand il arrivera et frappera
à la porte, trouvera en train de veiller.
(cf. Lc 12, 36-37)

Prière après la communion
Que la participation aux saints mystères, nous t'en prions, Seigneur, nous donne la force d'âme qui rendit saint Charles fidèle à son ministère et débordant de charité. Par le Christ, notre Seigneur. — ***Amen.***

INVITATION

Je m'applique à lire l'Écriture et, par ma parole et ma conduite, j'encourage des plus jeunes à faire de même.

COMMENTAIRE

La recherche de Dieu Luc 14, 15-24

Quoi de plus frustrant que d'essuyer refus ou indifférence quand on brûle de faire partager quelque chose d'essentiel ? Le maître de la parabole veut donner, mais les gens de son premier cercle ont autre chose à faire qu'à recevoir ce qu'il a préparé pour eux. Luc rejoint ici la méditation de Paul de la première lecture d'hier : en Jésus, Dieu cherche partout, en Israël et au-delà, qui voudra bien recevoir son amour et son pardon scandaleux. ■

Jean-Marc Liautaud, Fondacio

MERCREDI 5 NOVEMBRE 2025

31E SEMAINE DU TEMPS ORDINAIRE COULEUR LITURGIQUE : VERT

Temps ordinaire, *suggestion d'oraisons et d'antiennes n° 11*

Antienne d'ouverture

Écoute, Seigneur, ma voix qui t'appelle ! Sois mon secours, ne m'abandonne pas, ne me délaisse pas, Dieu, mon salut ! (cf. Ps 26, 7.9)

Prière

Seigneur Dieu, force de ceux qui espèrent en toi, sois favorable à nos appels : puisque, mortels et fragiles, nous ne pouvons rien sans toi, donne-nous toujours le secours de ta grâce ; ainsi pourrons-nous, en observant tes commandements, vouloir et agir de manière à te plaire. Par Jésus… ***— Amen.***

Lecture

de la lettre de saint Paul apôtre aux Romains (13, 8-10)

« Celui qui aime les autres a pleinement accompli la Loi »

Frères, n'ayez de dette envers personne, sauf celle de l'amour mutuel, car celui qui aime les autres a pleinement accompli la Loi. La Loi dit : *Tu ne commettras pas d'adultère, tu ne commettras pas de meurtre, tu ne commettras pas de vol, tu ne convoiteras pas.* Ces commandements et tous les autres se résument dans cette parole : *Tu aimeras ton prochain comme toi-même.* L'amour ne fait rien de mal au prochain. Donc, le plein accomplissement de la Loi, c'est l'amour. – Parole du Seigneur.

Psaume 111 (112)

℟ ***L'homme de bien a pitié, il partage.***
OU ***Alléluia !***

Heureux qui craint le Seigneur,
qui aime entièrement sa volonté !
Sa lignée sera puissante sur la terre ;
la race des justes est bénie. ℟

Lumière des cœurs droits,
il s'est levé dans les ténèbres,
homme de justice, de tendresse et de pitié.

L'homme de bien a pitié, il partage ;
il mène ses affaires avec droiture. ℟

Son cœur est confiant, il ne craint pas :
à pleines mains, il donne au pauvre ;
à jamais se maintiendra sa justice,
sa puissance grandira, et sa gloire ! ℟

Acclamation de l'Évangile

Alléluia. Alléluia. Si l'on vous insulte pour le nom du Christ, heureux êtes-vous : l'Esprit de Dieu repose sur vous. ***Alléluia.***

Évangile de Jésus Christ

selon saint Luc (14, 25-33)

« Celui qui ne renonce pas à tout ce qui lui appartient ne peut pas être mon disciple »

En ce temps-là, de grandes foules faisaient route avec Jésus ; il se retourna et leur dit : « Si quelqu'un vient à moi sans me préférer à son père, sa mère, sa femme, ses enfants, ses frères et sœurs, et même à sa propre vie, il ne peut pas être mon disciple. Celui qui ne porte pas sa

croix pour marcher à ma suite ne peut pas être mon disciple. Quel est celui d'entre vous qui, voulant bâtir une tour, ne commence par s'asseoir pour calculer la dépense et voir s'il a de quoi aller jusqu'au bout ? Car, si jamais il pose les fondations et n'est pas capable d'achever, tous ceux qui le verront vont se moquer de lui : "Voilà un homme qui a commencé à bâtir et n'a pas été capable d'achever !" Et quel est le roi qui, partant en guerre contre un autre roi, ne commence par s'asseoir pour voir s'il peut, avec dix mille hommes, affronter l'autre qui marche contre lui avec vingt mille ? S'il ne le peut pas, il envoie, pendant que l'autre est encore loin, une délégation pour demander les conditions de paix. Ainsi donc, celui d'entre vous qui ne renonce pas à tout ce qui lui appartient ne peut pas être mon disciple. »

Prière sur les offrandes

Seigneur Dieu, tu donnes à notre humanité la nourriture qui fortifie, et le sacrement qui renouvelle ; nous t'en prions : fais que ton secours ne manque jamais à nos corps et à nos esprits. Par le Christ, notre Seigneur. — ***Amen.***

Antienne de la communion

J'ai demandé une chose au Seigneur,
la seule que je cherche :
habiter la maison du Seigneur
tous les jours de ma vie.
(Ps 26, 4)

OU

Père saint, garde mes disciples
unis dans ton nom, le nom que
tu m'as donné, pour qu'ils soient un,
comme nous-mêmes, dit le Seigneur.
(Jn 17, 11)

Prière après la communion
Cette communion à tes mystères, Seigneur, préfigure l'union des fidèles en toi ; fais qu'elle produise un fruit d'unité dans ton Église. Par le Christ, notre Seigneur. — ***Amen.***

INVITATION

Je choisis dans les lectures un verset ou une phrase pour m'accompagner tout au long de la journée.

COMMENTAIRE

Aller jusqu'au bout

Romains 13, 8-10 ; Luc 14, 25-33

Chez Luc, Jésus a déjà demandé à ses disciples de renoncer à se promouvoir ou à se protéger pour le suivre (Lc 9, 23-25). Ici, il avertit la foule qu'il ne suffit pas de se mettre en route : il faut se préparer à aller jusqu'au bout. Paul nous présente la face positive de ce choix : l'enjeu est d'aller au bout de la logique de l'amour. Ce qui imposera, nous avertit Luc, des renoncements parfois « cruciaux ». ■

Jean-Marc Liautaud, Fondacio

JEUDI 6 NOVEMBRE 2025

31[E] SEMAINE DU TEMPS ORDINAIRE COULEUR LITURGIQUE : VERT

Temps ordinaire, *suggestion d'oraisons et d'antiennes n° 12*

Antienne d'ouverture

Le Seigneur est la force de son peuple,
le refuge et le salut de son messie.
Sauve ton peuple, Seigneur,
bénis ton héritage, et conduis-le à jamais.
(cf. Ps 27, 8-9)

Prière

Fais-nous vivre à tout moment, Seigneur, dans l'amour et le respect de ton saint nom, toi qui ne cesses jamais de guider ceux que tu enracines solidement dans ta charité. Par Jésus… ***— Amen.***

Lecture

de la lettre de saint Paul apôtre aux Romains (14, 7-12)

« Dans notre vie comme dans notre mort, nous appartenons au Seigneur »

Frères, aucun d'entre nous ne vit pour soi-même, et aucun ne meurt pour soi-même : si nous vivons, nous vivons pour le Seigneur ; si nous mourons, nous mourons pour le Seigneur. Ainsi, dans notre vie comme dans notre mort, nous appartenons au Seigneur. Car, si le Christ a connu la mort, puis la vie, c'est pour devenir le Seigneur et des morts et des vivants.

Alors toi, pourquoi juger* ton frère ? Toi, pourquoi mépriser ton frère ? Tous, en effet, nous comparaîtrons devant le tribunal de Dieu. Car il est écrit : *Aussi vrai que je suis vivant, dit le Seigneur, tout genou fléchira devant moi, et toute langue proclamera la louange de Dieu.* Ainsi chacun de nous rendra compte à Dieu pour soi-même. – Parole du Seigneur.

Psaume 26 (27)

℟ ***J'en suis sûr, je verrai les bontés du Seigneur sur la terre des vivants.***

Le Seigneur est ma lumière et mon salut ;
de qui aurais-je crainte ?
Le Seigneur est le rempart de ma vie ;
devant qui tremblerais-je ? ℟

J'ai demandé une chose au Seigneur,
la seule que je cherche :
habiter la maison du Seigneur
tous les jours de ma vie,
pour admirer le Seigneur dans sa beauté
et m'attacher à son temple. ℟

J'en suis sûr, je verrai les bontés
du Seigneur
sur la terre des vivants.
« Espère le Seigneur, sois fort
et prends courage ;
espère le Seigneur. » ℟

Acclamation de l'Évangile

Alléluia. Alléluia. Venez à moi, vous tous qui peinez sous le poids du fardeau, dit le Seigneur, et moi, je vous procurerai le repos. ***Alléluia.***

Évangile de Jésus Christ

selon saint Luc (15, 1-10)

« Il y aura de la joie dans le ciel pour un seul pécheur qui se convertit »

En ce temps-là, les publicains et les pécheurs venaient tous à Jésus pour l'écouter. Les pharisiens et les scribes récriminaient contre lui : « Cet homme fait bon accueil aux pécheurs, et il mange avec eux ! » Alors Jésus leur dit cette parabole : « Si l'un de vous a cent brebis et qu'il en perd une, n'abandonne-t-il pas les 99 autres dans le désert pour aller chercher celle qui est perdue, jusqu'à ce qu'il la retrouve ? Quand il l'a retrouvée, il la prend sur ses épaules, tout joyeux, et, de retour chez lui, il rassemble ses amis et ses voisins pour leur dire : "Réjouissez-vous avec moi, car j'ai retrouvé ma brebis, celle qui était perdue !" Je vous le dis : C'est ainsi qu'il y aura de la joie dans le ciel pour un seul pécheur qui se convertit, plus que pour 99 justes qui n'ont pas besoin de conversion. Ou encore, si une femme a dix pièces d'argent et qu'elle en perd une, ne va-t-elle pas allumer une lampe, balayer la maison, et chercher avec soin jusqu'à ce qu'elle la retrouve ? Quand elle l'a retrouvée, elle rassemble ses amies et ses voisines pour leur dire : "Réjouissez-vous avec moi, car j'ai retrouvé la pièce d'argent que j'avais perdue !" Ainsi je vous le dis : Il y a de la joie devant les anges de Dieu pour un seul pécheur qui se convertit. »

Prière sur les offrandes

Accueille, Seigneur, le sacrifice de louange et de paix ; accorde-nous d'être purifiés par son action et de t'offrir un cœur qui te plaise. Par le Christ, notre Seigneur. — ***Amen.***

Antienne de la communion

Les yeux sur toi, tous, ils espèrent,
Seigneur : tu leur donnes
la nourriture au temps voulu.
(Ps 144, 15)

OU

Je suis le bon pasteur,
et je donne ma vie pour mes brebis,
dit le Seigneur. (Jn 10, 11.15)

Prière après la communion

Nourris et renouvelés par le corps sacré et le sang précieux de ton Fils, nous implorons ta bonté, Seigneur : fais que, sûrs de la rédemption, nous possédions ce que nous aimons célébrer avec ferveur. Par le Christ, notre Seigneur. — ***Amen.***

INVITATION

Chaque jour, partout dans le monde, des personnes font l'expérience de la rencontre avec Dieu. Je porte dans ma prière toutes celles qui vont se convertir aujourd'hui.

COMMENTAIRE

Me voici

Romains 14, 7-12

Paul nous met aujourd'hui face au paradoxe chrétien. Au moment de soupeser nos vraies responsabilités, il est vain de nous défausser sur les autres. Chacun répond « pour soi-même ». Mais qu'est-ce qui oriente notre conscience vers le bien ? Le fait de ne pas vivre « pour soi-même ». Il s'agit donc de dire « me voici » : donné à moi-même dans ma capacité à discerner, donné à Dieu et aux autres dans ma capacité à agir. ■

Jean-Marc Liautaud, *Fondacio*

❊ CLÉ DE LECTURE

« Pourquoi juger »

Romains 14, 10 *(p. 56)*

Par deux fois dans la lettre aux Romains, Paul interpelle celui qui se permet de « juger » le comportement religieux d'un frère : « Qui es-tu, toi, pour juger le serviteur d'un autre ? » (Rm 14, 4 ; 2, 1). Or, en grec le vocabulaire du jugement et de la condamnation *(« krinô », « krisis »)* est entièrement différent de celui de la justice *(« dikaiosunè »)*. Tandis que le français rapporte tout à la même racine latine *« jus »*, Paul peut facilement opposer le jugement (et la pente humaine à la condamnation de l'autre) à la justice. Mais la justice de Dieu, loin de tout jugement, est la Bonne Nouvelle d'une miséricorde offerte à tous : « L'Évangile est puissance pour le salut de quiconque a la foi » (cf. Rm 1, 16). La seule condition demandée est de l'accueillir dans la foi ! ■

Roselyne Dupont-Roc, *bibliste*

VENDREDI 7 NOVEMBRE 2025

31[E] SEMAINE DU TEMPS ORDINAIRE COULEUR LITURGIQUE : VERT

Temps ordinaire, *suggestion d'oraisons et d'antiennes n° 13*

Antienne d'ouverture

Tous les peuples, battez des mains,
acclamez Dieu par vos cris de joie ! (Ps 46, 2)

Prière

Tu as voulu, Seigneur Dieu, que par la grâce de l'adoption filiale, nous devenions des enfants de lumière ; ne permets pas que nous soyons enveloppés des ténèbres de l'erreur, mais accorde-nous d'être toujours rayonnants dans la splendeur de ta vérité. Par Jésus… ***— Amen.***

Lecture

de la lettre de saint Paul apôtre aux Romains (15, 14-21)

« Ministre du Christ Jésus pour les nations, afin que l'offrande des nations soit acceptée par Dieu »

Moi-même, je suis convaincu, mes frères, que vous êtes pleins de bonnes qualités, remplis de toute connaissance de Dieu, et capables aussi de vous reprendre les uns les autres. Mais je vous ai écrit avec un peu d'audace, comme pour raviver votre mémoire sur certains points, et c'est en raison de la grâce que Dieu m'a donnée. Cette grâce, c'est d'être ministre du Christ Jésus pour les nations, avec la fonction sacrée

d'annoncer l'Évangile de Dieu, afin que l'offrande des nations soit acceptée par Dieu, sanctifiée dans l'Esprit Saint. Je mets donc ma fierté dans le Christ Jésus, pour ce qui est du service de Dieu. Car je n'oserais rien dire s'il ne s'agissait de ce que le Christ a mis en œuvre par moi afin d'amener les nations à l'obéissance de la foi, par la parole et l'action, la puissance des signes et des prodiges, la puissance de l'Esprit de Dieu. Ainsi, depuis Jérusalem en rayonnant jusqu'à la Dalmatie, j'ai mené à bien l'annonce de l'Évangile du Christ. Je l'ai fait en mettant mon honneur à n'évangéliser que là où le nom du Christ n'avait pas encore été prononcé, car je ne voulais pas bâtir sur les fondations posées par un autre, mais j'ai agi selon qu'il est écrit : *Ceux à qui on ne l'avait pas annoncé verront ; ceux qui n'en avaient pas entendu parler comprendront.*

– Parole du Seigneur.

Psaume 97 (98)

℟ ***Le Seigneur a fait connaître son salut parmi toutes les nations.***

Chantez au Seigneur un chant nouveau,
car il a fait des merveilles ;
par son bras très saint,
par sa main puissante,
il s'est assuré la victoire. ℟

Le Seigneur a fait connaître sa victoire
et révélé sa justice aux nations ;
il s'est rappelé sa fidélité, son amour,
en faveur de la maison d'Israël. ℟

La terre tout entière a vu
la victoire de notre Dieu.
Acclamez le Seigneur, terre entière,
sonnez, chantez, jouez ! ℟

Acclamation de l'Évangile

Alléluia. Alléluia. En celui qui garde la parole du Christ l'amour de Dieu atteint vraiment sa perfection. ***Alléluia.***

Évangile de Jésus Christ

selon saint Luc (16, 1-8)

« Les fils de ce monde sont plus habiles entre eux que les fils de la lumière »

En ce temps-là, Jésus disait à ses disciples : « Un homme riche avait un gérant qui lui fut dénoncé comme dilapidant ses biens. Il le convoqua et lui dit : "Qu'est-ce que j'apprends à ton sujet ? Rends-moi les comptes de ta gestion, car tu ne peux plus être mon gérant." Le gérant se dit en lui-même : "Que vais-je faire, puisque mon maître me retire la gestion ? Travailler la terre ? Je n'en ai pas la force. Mendier ? J'aurais honte. Je sais ce que je vais faire, pour qu'une fois renvoyé de ma gérance, des gens m'accueillent chez eux." Il fit alors venir, un par un, ceux qui avaient des dettes envers son maître. Il demanda au premier : "Combien dois-tu à mon maître ?" Il répondit : "Cent barils d'huile." Le gérant lui dit : "Voici ton reçu ; vite, assieds-toi et écris cinquante." Puis il demanda à un autre : "Et toi, combien dois-tu ?" Il répondit : "Cent sacs de blé." Le gérant lui dit : "Voici ton reçu, écris 80." Le maître fit l'éloge de ce gérant malhonnête car il avait agi avec habileté* ; en effet, les fils de ce monde sont plus habiles entre eux que les fils de la lumière. »

Prière sur les offrandes

Seigneur Dieu, dans ta bonté, tu donnes à tes mystères de produire leurs effets ; nous t'en prions : que notre liturgie soit accordée à la sainteté de ces dons. Par le Christ, notre Seigneur. **— *Amen.***

Antienne de la communion

Bénis le Seigneur, ô mon âme,
bénis son nom très saint,
tout mon être ! (Ps 102, 1)

OU

Père, je te prie pour eux :
qu'ils soient un en nous, eux aussi,
pour que le monde croie
que tu m'as envoyé, dit le Seigneur.
(cf. Jn 17, 20-21)

Prière après la communion

Nous t'en prions, Seigneur, donne-nous d'être vivifiés par le sacrifice divin que nous avons offert et reçu en communion ; ainsi, reliés à toi par une charité qui ne passera jamais, nous porterons un fruit qui demeure pour toujours. Par le Christ, notre Seigneur.
— *Amen.*

INVITATION

Quels sont les dons que Dieu m'a offerts ? Je peux réfléchir à ma manière de les utiliser au mieux.

COMMENTAIRE

Sans blâme Luc 16, 1-8

L'intendant détourne vers lui la dette des débiteurs de son patron, dans l'espoir qu'ils l'aideront demain, ce qui lui évitera de mendier ou de voler. Ni le maître ni Jésus ne le blâment. Certes, il fait peu de cas des biens d'un maître qui a fait peu de cas de lui, renvoyé sur simple dénonciation. Mais l'essentiel n'est pas là. Il a vu ce que trop de croyants méconnaissent : la puissance des liens de reconnaissance. ■

Jean-Marc Liautaud, *Fondacio*

❊ CLÉ DE LECTURE

« Avec habileté » Luc 16, 8 *(p. 62)*

Les commentateurs et plus encore les prédicateurs peinent à expliquer cette parabole paradoxale, où le gérant malhonnête est non seulement félicité mais donné en exemple. Peut-être faut-il s'arrêter sur ce paradoxe et s'interroger surtout sur l'humour de l'évangéliste, et, pourquoi pas, de Jésus. N'y a-t-il pas une pointe de moquerie, bienveillante d'ailleurs, pour ces malheureux humains qui ne se sortent des difficultés que par leur habileté, d'ailleurs dite ici en termes de « sagesse pratique » ? Même alors, ils ne trouvent que des solutions malhonnêtes ! Le maître d'ailleurs ne s'y trompe pas. Mais s'ils s'attachaient plutôt à vivre dans la générosité et le partage, ne trouveraient-ils pas en eux-mêmes et en Dieu des ressources inespérées ? ■

Roselyne Dupont-Roc, *bibliste*

SAMEDI 8 NOVEMBRE 2025

31e SEMAINE DU TEMPS ORDINAIRE COULEUR LITURGIQUE : VERT

Temps ordinaire, *suggestion d'oraisons et d'antiennes n° 14*
ou **bienheureuse Vierge Marie,** *voir p. 70*

Antienne d'ouverture

Dieu, nous accueillons ta miséricorde au milieu de ton temple.
Ta louange, comme ton nom, Seigneur Dieu, couvre l'étendue de la terre.
Ta main droite est pleine de justice. (cf. Ps 47, 10-11)

Prière

Seigneur Dieu, par l'abaissement de ton Fils, tu as relevé le monde déchu ; donne à tes fidèles une joie sainte : tu les as tirés de l'esclavage du péché ; fais-leur connaître le bonheur éternel. Par Jésus… ***— Amen.***

Lecture

de la lettre de saint Paul apôtre aux Romains (16, 3-9.16.22-27)

« Saluez-vous les uns les autres par un baiser de paix »

Frères, saluez de ma part Prisca et Aquilas, mes compagnons de travail en Jésus Christ, eux qui ont risqué leur tête pour me sauver la vie ; je ne suis d'ailleurs pas seul à leur être reconnaissant, toutes les Églises des nations le sont aussi. Saluez l'Église qui se rassemble dans leur maison. Saluez mon cher Épénète, qui fut le premier à croire au Christ dans la province d'Asie. Saluez Marie, qui s'est donné beaucoup de peine pour vous. Saluez Andronicos et Junias* qui sont de ma parenté. Ils furent

mes compagnons de captivité. Ce sont des apôtres bien connus; ils ont même appartenu au Christ avant moi. Saluez Ampliatus, qui m'est cher dans le Seigneur. Saluez Urbain, notre compagnon de travail dans le Christ, et mon cher Stakys. Saluez-vous les uns les autres par un baiser de paix. Toutes les Églises du Christ vous saluent. Moi aussi, Tertius, à qui cette lettre a été dictée, je vous salue dans le Seigneur. Gaïus vous salue, lui qui me donne l'hospitalité, à moi et à toute l'Église. Éraste, le trésorier de la ville, et notre frère Quartus vous saluent. À Celui qui peut vous rendre forts selon mon Évangile qui proclame Jésus Christ : révélation d'un mystère gardé depuis toujours dans le silence, mystère maintenant manifesté au moyen des écrits prophétiques, selon l'ordre du Dieu éternel, mystère porté à la connaissance de toutes les nations pour les amener à l'obéissance de la foi, à Celui qui est le seul sage, Dieu, par Jésus Christ, à lui la gloire pour les siècles. Amen.
– Parole du Seigneur.

Psaume 144 (145)

℟ ***Mon Dieu, mon Roi, je bénirai ton nom toujours et à jamais !***

Chaque jour je te bénirai,
je louerai ton nom toujours et à jamais.
Il est grand, le Seigneur, hautement loué ;
à sa grandeur, il n'est pas de limite. ℟

D'âge en âge, on vantera tes œuvres,
on proclamera tes exploits.
Je redirai le récit de tes merveilles,
ton éclat, ta gloire et ta splendeur. ℟

Que tes œuvres, Seigneur, te rendent grâce
et que tes fidèles te bénissent !
Ils diront la gloire de ton règne,
ils parleront de tes exploits. ℟

Acclamation de l'Évangile

Alléluia. Alléluia. Jésus Christ s'est fait pauvre, lui qui était riche, pour que vous deveniez riches par sa pauvreté. ***Alléluia.***

Évangile de Jésus Christ

selon saint Luc (16, 9-15)

« Si vous n'avez pas été dignes de confiance pour l'argent malhonnête, qui vous confiera le bien véritable ? »

En ce temps-là, Jésus disait à ses disciples : « Moi, je vous le dis : Faites-vous des amis avec l'argent malhonnête, afin que, le jour où il ne sera plus là, ces amis vous accueillent dans les demeures éternelles. Celui qui est digne de confiance dans la moindre chose est digne de confiance aussi dans une grande. Celui qui est malhonnête dans la moindre chose est malhonnête aussi dans une grande. Si vous n'avez pas été dignes de confiance pour l'argent malhonnête, qui vous confiera le bien véritable ? Et si, pour ce qui est à autrui, vous n'avez pas été dignes de confiance, ce qui vous revient, qui vous le donnera ? Aucun domestique ne peut servir deux maîtres : ou bien il haïra l'un et aimera l'autre, ou bien il s'attachera à l'un et méprisera l'autre. Vous ne pouvez pas servir à la fois Dieu et l'argent. »

Quand ils entendaient tout cela, les pharisiens, eux qui aimaient l'argent, tournaient Jésus en dérision. Il leur dit alors : « Vous, vous êtes de ceux qui se font passer pour justes aux yeux des gens, mais Dieu connaît vos cœurs ; en effet, ce qui est prestigieux pour les gens est une chose abominable aux yeux de Dieu. »

Prière sur les offrandes

Puissions-nous être purifiés, Seigneur, par l'offrande consacrée à ton nom ; qu'elle nous conduise, de jour en jour, à vivre de la vie du ciel. Par le Christ, notre Seigneur. — ***Amen.***

Antienne de la communion

Goûtez et voyez : le Seigneur est bon !
Heureux qui trouve en lui son refuge !
(Ps 33, 9)
OU
Venez à moi, vous tous qui peinez
sous le poids du fardeau,
et moi, je vous procurerai le repos,
dit le Seigneur.
(Mt 11, 28)

Prière après la communion

Comblés de si grands bienfaits, nous te supplions, Seigneur : fais que nous en retirions des fruits pour notre salut et que jamais nous ne cessions de chanter ta louange. Par le Christ, notre Seigneur. — ***Amen.***

INVITATION

Je prends un temps de silence pour réfléchir à ce qui est important dans ma vie, et choisir quel maître je veux servir.

COMMENTAIRE

Mauvais maître mais bon serviteur Luc 16, 9-15

L'évangile de ce jour suit le passage d'hier et en précise le sens. Il n'est pas question pour Luc de faire l'éloge de la malhonnêteté, bien au contraire. Il faut viser à être « digne de confiance » en toute chose, et pour cela l'argent est un mauvais maître. Mais il peut être un bon serviteur, surtout s'il circule et crée des liens mutuels de reconnaissance et de gratitude, que Dieu, en quelque sorte, « éternise ». ■

Jean-Marc Liautaud, Fondacio

✻ CLÉ DE LECTURE

« Et Junias » Romains 16, 7 *(p. 65)*

Paul nomme Andronicos et Junia « apôtres », car le titre n'était pas réservé aux Douze. Le terme désigne des chargés de mission de Jésus Christ, ces itinérants qui annonçaient l'Évangile toujours plus loin ; sans hésiter Paul se l'applique à lui-même comme à d'autres envoyés. La traduction liturgique a, hélas, conservé ici le masculin Junias qui n'est attesté dans aucun manuscrit. Alors que Jean Chrysostome s'émerveillait de voir une femme apôtre, Junia, un savant docteur du XIIIe siècle, Gilles de Rome, n'a pas supporté cette idée et en a fait un masculin ! Sa correction a été reprise par les savants du XIXe siècle jusqu'à nos jours. Or, il s'agit ici d'un couple de chrétiens, comme d'autres dans la liste, témoins d'un apostolat créatif et vivant. ■

Roselyne Dupont-Roc, bibliste

Bienheureuse Vierge Marie

Couleur liturgique : blanc ou vert

Les samedis du temps ordinaire sans mémoire obligatoire, on peut faire mémoire de la Vierge Marie, selon une tradition qui honore la foi et l'espérance sans défaut de Marie le Samedi saint.

Antienne d'ouverture

Bienheureuse es-tu, Vierge Marie :
tu as porté le Créateur de l'univers,
tu as mis au monde celui qui t'a faite,
et tu demeures toujours vierge.

Prière

Dieu de miséricorde, viens au secours de notre faiblesse : puisque nous faisons mémoire de la sainte Mère de Dieu, fais que, soutenus par son intercession, nous soyons relevés de nos péchés. Par Jésus… **— Amen.**

OU

Que vienne à notre aide, Seigneur, nous t'en prions, l'admirable intercession de la bienheureuse Marie toujours vierge ; qu'elle nous obtienne la joie de vivre dans la paix que tu nous donnes, délivrés de tout péril. Par Jésus… **— Amen.**

Prière sur les offrandes

En rendant hommage à la Mère de ton Fils, Seigneur, nous te supplions : que le sacrifice offert en ce jour fasse de nous, par le don de ta grâce, une éternelle offrande à ta gloire. Par le Christ, notre Seigneur. **— Amen.**

Préface de la Vierge Marie, p. 240.

Antienne de la communion

Le Puissant fit pour moi des merveilles ;
Saint est son nom. (Lc 1, 49)

Prière après la communion

Tu nous as fait participer à la rédemption éternelle, et nous te prions, Seigneur : alors que nous faisons mémoire de la Mère de ton Fils, comble-nous de la plénitude de ta grâce, et fais-nous éprouver toujours davantage les effets du salut. Par le Christ, notre Seigneur. **— Amen.**

DIMANCHE 9 NOVEMBRE 2025

DÉDICACE DE LA BASILIQUE DU LATRAN

ANNÉE C – COULEUR LITURGIQUE : BLANC

« Détruisez ce sanctuaire, et en trois jours je le relèverai. » Jean 2, 19

La fête de ce dimanche nous invite à célébrer le Seigneur présent au milieu de nous. Il est la tête de l'Église dont nous sommes les membres. Chaque église est « maison de Dieu », « maison du peuple de Dieu ». Soyons heureux de nous y rassembler. Dans nos églises, nous louons le Seigneur, nous rendons grâce à Dieu qui nous appelle à bâtir avec lui son royaume.

RITES INITIAUX

Chant d'entrée (Suggestions p. 261)

OU

Antienne d'ouverture

La Ville sainte, la Jérusalem nouvelle, je l'ai vue
qui descendait du ciel, d'auprès de Dieu, prête pour les noces,
comme une épouse parée pour son époux.
(cf. Ap 21, 2)

OU

Voici la demeure de Dieu avec les hommes; il demeurera avec eux,
et ils seront son peuple, et lui-même, Dieu avec eux, sera leur Dieu.
(cf. Ap 21, 3)

Suggestion de préparation pénitentielle (ou p. 232)

Frères et sœurs, préparons-nous à célébrer le mystère pascal du Christ qui nous sauve, en reconnaissant nos péchés, en confessant notre désir de son pardon.

Seigneur Jésus, source des eaux vives, tu nous fais porter des fruits nouveaux, béni sois-tu et prends pitié de nous.
— Béni sois-tu et prends pitié de nous.
Ô Christ, tête de la maison que Dieu construit, tu nous donnes ton Esprit, béni sois-tu et prends pitié de nous.
— Béni sois-tu et prends pitié de nous.

Seigneur, vrai temple de la gloire du Père, tu affermis notre espérance, béni sois-tu et prends pitié de nous.
— Béni sois-tu et prends pitié de nous.

Que Dieu tout-puissant nous fasse miséricorde ; qu'il nous pardonne nos péchés et nous conduise à la vie éternelle. ***— Amen.***

Gloire à Dieu *(p. 234)*

Prière

Seigneur Dieu, tu bâtis la demeure éternelle de ta gloire avec des pierres vivantes et choisies ; fais abonder dans ton Église cet esprit de grâce que tu lui as donné : que le peuple de tes fidèles ne cesse de grandir pour que s'édifie la Jérusalem céleste. Par Jésus… ***— Amen.***

OU

Seigneur Dieu, tu as voulu que l'Église soit appelée ton épouse : donne à l'assemblée réunie pour servir ton nom de te rendre hommage, de t'aimer, de te suivre ; qu'elle parvienne, sous ta conduite, aux biens du ciel que tu promets. Par Jésus… ***— Amen.***

LITURGIE DE LA PAROLE

Lecture du livre du prophète Ézékiel (47, 1-2.8-9.12)

« J'ai vu l'eau qui jaillissait du Temple,
et tous ceux que cette eau atteignait étaient sauvés »

En ces jours-là, au cours d'une vision reçue du Seigneur, l'homme me fit revenir à l'entrée de la Maison, et voici : sous le seuil de la Maison, de l'eau jaillissait vers l'orient, puisque la façade de la Maison était du côté de l'orient. L'eau descendait de dessous le côté droit de la Maison, au sud de l'autel. L'homme me fit sortir par la porte du nord et me fit faire le tour par l'extérieur, jusqu'à la porte qui fait face à l'orient, et là encore l'eau coulait du côté droit. Il me dit : « Cette eau coule vers la région de l'orient, elle descend dans la vallée du Jourdain, et se déverse dans la mer Morte, dont elle assainit les eaux. En tout lieu où parviendra le torrent, tous les animaux pourront vivre et foisonner. Le poisson sera très abondant, car cette eau assainit tout ce qu'elle pénètre, et la vie apparaît en tout lieu où arrive le torrent. Au bord du torrent, sur les deux rives, toutes sortes d'arbres fruitiers pousseront ; leur feuillage ne se flétrira pas et leurs fruits ne manqueront pas. Chaque mois ils porteront des fruits nouveaux, car cette eau vient du sanctuaire. Les fruits seront une nourriture, et les feuilles un remède. » – Parole du Seigneur.

Psaume 45 (46)

R/ *Le Fleuve, ses bras réjouissent la ville de Dieu,*
la plus sainte des demeures du Très-Haut.

T. : AELF; M. : G. Previdi; Éd. : ADF.

Dieu est pour nous refuge et force,
secours dans la détresse, toujours offert.
Nous serons sans crainte si la terre est secouée,
si les montagnes s'effondrent au creux de la mer. R/

Écoutez ce psaume sur
www.prionseneglise.fr/messe-du-dimanche

℟ Le Fleuve, ses bras réjouissent la ville de Dieu,
la plus sainte des demeures du Très-Haut.

Le Fleuve, ses bras réjouissent la ville de Dieu,
la plus sainte des demeures du Très-Haut.
Dieu s'y tient : elle est inébranlable ;
quand renaît le matin, Dieu la secourt. ℟

Il est avec nous, le Seigneur de l'univers ;
citadelle pour nous, le Dieu de Jacob !
Venez et voyez les actes du Seigneur,
il détruit la guerre jusqu'au bout du monde. ℟

Lecture de la première lettre de saint Paul apôtre aux Corinthiens (3, 9c-11.16-17)

« Vous êtes un sanctuaire de Dieu »

Frères, vous êtes une maison que Dieu construit. Selon la grâce que Dieu m'a donnée, moi, comme un bon architecte, j'ai posé la pierre de fondation. Un autre construit dessus. Mais que chacun prenne garde à la façon dont il contribue à la construction. La pierre de fondation, personne ne peut en poser d'autre que celle qui s'y trouve : Jésus Christ.
Ne savez-vous pas que vous êtes un sanctuaire de Dieu, et que l'Esprit de Dieu habite en vous ? Si quelqu'un détruit le sanctuaire

de Dieu, cet homme, Dieu le détruira, car le sanctuaire de Dieu est saint, et ce sanctuaire, c'est vous.
– Parole du Seigneur.

Acclamation de l'Évangile

Alléluia. Alléluia. J'ai choisi et consacré cette Maison, dit le Seigneur, afin que mon Nom y soit à jamais. ***Alléluia.***

L 31-34; M. : H. Schütz, domaine public; Psalmodie : M. Wackenheim, Bayard Liturgie.

Évangile de Jésus Christ selon saint Jean (2, 13-22)

« Il parlait du sanctuaire de son corps »

Comme la Pâque juive était proche, Jésus monta à Jérusalem. Dans le Temple, il trouva installés les marchands de bœufs, de brebis et de colombes, et les changeurs. Il fit un fouet avec des

cordes, et les chassa tous du Temple, ainsi que les brebis et les bœufs; il jeta par terre la monnaie des changeurs, renversa leurs comptoirs, et dit aux marchands de colombes : « Enlevez cela d'ici. Cessez de faire de la maison de mon Père une maison de commerce. » Ses disciples se rappelèrent qu'il est écrit : *L'amour de ta maison fera mon tourment.* Des Juifs l'interpellèrent : « Quel signe peux-tu nous donner pour agir ainsi ? » Jésus leur répondit : « Détruisez ce sanctuaire, et en trois jours je le relèverai. » Les Juifs lui répliquèrent : « Il a fallu quarante-six ans pour bâtir ce sanctuaire, et toi, en trois jours tu le relèverais ! » Mais lui parlait du sanctuaire de son corps.
Aussi, quand il se réveilla d'entre les morts, ses disciples se rappelèrent qu'il avait dit cela; ils crurent à l'Écriture et à la parole que Jésus avait dite.

Homélie

Profession de foi (p. 235)

Suggestion de prière universelle

Le prêtre :
Pierres vivantes du sanctuaire de Dieu, prions pour nos frères et sœurs affamés de justice et de paix, désireux d'une vie meilleure.
℟ ***Seigneur, donne-nous ton Esprit pour bâtir ton Royaume.***

Y 55 n°8 SM; T. : M. Scouarnec; M. : J. Akepsimas.

Le diacre ou un lecteur :

Pour Léon XIV, évêque de Rome et pasteur de l'Église de Rome. Pour les évêques, les prêtres, les diacres et tous les baptisés dans le Christ, prions ensemble. ℟

Pour les dirigeants du monde, invités à entretenir le patrimoine religieux. Pour les responsables des religions, appelés à préserver leur héritage spirituel, prions ensemble. ℟

Pour les participants à la COP 30, qui s'ouvre demain au Brésil, et pour les experts alertant sur les changements climatiques. Pour les victimes des catastrophes naturelles, prions ensemble. ℟

Pour les organisateurs du Congrès Mission qui fête ses dix ans à Paris. Pour nous tous ici rassemblés, appelés à devenir de vrais « disciples missionnaires », prions ensemble. ℟

(Ces intentions seront adaptées ou modifiées selon les circonstances. On peut aussi s'inspirer de l'intention universelle du Saint-Père, p. 6.)

Le prêtre :
Dieu très-haut, toi notre Père, entends la prière de ton peuple. Dans ta miséricorde, daigne nous exaucer. Par le Christ, notre Seigneur.
— Amen.

LITURGIE EUCHARISTIQUE

Prière sur les offrandes

Accueille, Seigneur, l'offrande que nous te présentons ; donne à ceux qui te prient d'être fortifiés par tes sacrements et de voir leurs demandes exaucées. Par le Christ, notre Seigneur. ***— Amen.***

Prière eucharistique

(Préface de la dédicace)
Vraiment, il est juste et bon, pour ta gloire et notre salut, de t'offrir notre action de grâce, toujours et en tout lieu, Seigneur, Père très saint, Dieu éternel et tout-puissant. Dans ta bonté pour ton peuple, tu veux habiter une maison de prière, afin que ta grâce toujours offerte fasse de nous le temple de l'Esprit Saint, resplendissant d'une vie qui te plaise. De jour en jour, tu sanctifies l'épouse du Christ, l'Église dont les églises d'ici-bas sont l'image, jusqu'au jour où elle aura sa demeure dans la gloire du ciel, mère que réjouit la multitude de ses enfants. C'est pourquoi, avec les saints et tous les anges, nous te louons et sans fin nous proclamons : ***Saint ! Saint ! Saint…***

Chant de communion (*Suggestions p. 261*)

OU

Antienne de la communion

Comme pierres vivantes,
entrez dans la construction de la demeure spirituelle,
pour devenir le sacerdoce saint.
(cf. 1 P 2, 5)

Prière après la communion

Seigneur Dieu, tu as voulu que ton Église de la terre préfigure pour nous la Jérusalem d'en haut ; nous t'en prions : puisque nous avons participé à ce sacrement, fais de nous le temple de ta grâce et accorde-nous d'entrer un jour dans la demeure de ta gloire. Par le Christ, notre Seigneur. — ***Amen.***

RITE DE CONCLUSION

Bénédiction

Envoi

COMMENTAIRE DU DIMANCHE

Jean-Paul Sagadou, prêtre assomptionniste, rédacteur en chef de *Prions en Église* Afrique

Le lieu de la rencontre du Père

« Quelle violence ! » pourrait-on s'exclamer en lisant cet évangile. Soyons clairs : derrière le geste et les paroles de Jésus se cache un message : redonner au Temple sa dignité et son caractère sacré et, au-delà, révéler que son corps est le vrai Temple. De fait, le Temple doit demeurer le lieu par excellence où tous, sans exception, peuvent se rendre pour rencontrer Dieu, l'adorer et le prier. Les préoccupations matérielles et les spéculations n'ont pas à transformer la maison de Dieu en un « centre d'affaires » qui prospère. Mais, au-delà de la matérialité du Temple, il importe de savoir que le vrai Temple, c'est le corps de Jésus lui-même. C'est un corps qui va passer par la mort mais qui se relèvera en trois jours, devenant ainsi source d'eau vive pour tous les croyants. Ce ne sont plus les sacrifices offerts à Jérusalem qui vont plaire à Dieu, mais le don fait par Jésus de sa propre personne qui va réconcilier l'humanité et Dieu. Le Temple, lieu de pierre, devient le lieu du corps de Jésus. Désormais, la présence de Dieu n'est pas dans une construction de pierre, mais au cœur même de l'humanité, dans le corps du Ressuscité. Jésus Christ est pour nous le lieu de la rencontre du Père. À nous de vérifier, quand nous allons le rencontrer, si notre cœur n'est pas encombré de marchandises et de calculs, comme un temple profané ! Il y a des jours où le Christ pourrait surgir dans notre vie, pour nous dire, à nous aussi, avec l'insistance d'un véritable ami : « Enlève cela d'ici ; ne fais pas de la maison de mon Père une maison de trafic. »

Ma vie n'est-elle pas trop encombrée pour que Dieu y ait sa place ?

Est-ce que j'arrive à consacrer du temps à Dieu ?

Est-ce que je vis ma relation à Dieu comme « un trafic » ou comme une alliance, dans la confiance ? ■

PrionsenÉglise junior

LIRE L'ÉVANGILE AVEC LES ENFANTS

CE QUE JE DÉCOUVRE

Jésus se met en colère parce que le Temple, la maison de son père, a été transformé en lieu de commerce. Il annonce que le vrai Temple, désormais, c'est lui, parce qu'il est le Fils de Dieu. C'est pour ça que sa mort est importante : **Jésus nous aime jusqu'à donner sa vie.** Et sa résurrection est encore plus importante : **sa vie et son amour sont plus forts que la mort !**

Texte : Frédéric Pascal. Illustrations : Marcelino Truong

CE QUE JE VIS

Et toi, qu'est-ce qui te met en colère ?
Qu'es-tu prêt à donner par amour ?

Aujourd'hui, comme lors de ta prochaine colère, tu peux réciter cette prière :
« Jésus, Fils de Dieu, aie pitié de moi. »

MÉDITATION BIBLIQUE

DÉDICACE DE LA BASILIQUE DU LATRAN

Première lettre aux Corinthiens 3, 9c-11.16-17

Dieu en nous

La thématique du Temple se trouve présente dans les trois lectures de ce dimanche où nous célébrons la dédicace de la basilique du Latran. Par-delà le sanctuaire de pierre, elle nous renvoie tant au corps ecclésial qu'à notre intériorité.

Le temps de la préparation

« De quel amour sont aimées tes demeures, Seigneur » (Ps 83, 2).

Le temps de l'observation

« Le sanctuaire de Dieu c'est vous » : ce propos est inséré dans un contexte où il est question du vivre ensemble en Église. Le début de la lettre de Paul fait état d'un conflit et d'un oubli de l'essentiel : Jésus Christ est la pierre de fondation de la communauté. Ce que ne sont pas les prédicateurs dont se réclament les uns et les autres, semant ainsi la division. Dans l'Ancien Testament, le Temple ne fait que visibiliser la présence de Dieu au sein de la communauté croyante : « Quand Israël sortit d'Égypte […] Juda fut pour Dieu un sanctuaire » (Ps 113A, 1.2). Les prophètes ne cesseront de le rappeler, •••

... mettant en garde Israël contre une conception magique du Temple et insisteront sur l'importance d'une relation à Dieu vécue dans l'amour et le respect des clauses de l'Alliance. Il ne suffit pas d'offrir les sacrifices prescrits et de dire « Seigneur, Seigneur », mais de s'engager de tout son être à l'égard de Dieu en laissant la Parole s'incarner au plus concret de la vie.

Le temps de la méditation

La thématique du Temple nous renvoie également à notre intériorité, à ce sanctuaire intérieur qu'est notre cœur. N'est-ce pas de lui que jaillissent les sources de la vie, comme se plaît à le signifier Ézékiel en parlant du Temple nouveau (cf. Ez 40 – 48) ? Mais l'Écriture ne prône pas une intériorité floue qui se confondrait avec le sentiment de coïncider avec soi-même ou avec l'exaltation du « moi ». Veiller sur son cœur c'est, autant qu'il est possible, le garder pur des idoles, des calculs dans la relation à Dieu – en bref, éviter de « faire de la maison » du « Père, une maison de commerce ». C'est aussi se situer dans la relation avec autrui sur un autre mode que celui de la concurrence, de la recherche de soi. Ce que Paul rappelle dans la lettre qui nous occupe ainsi qu'à travers d'autres écrits : « Ayez en vous les dispositions qui sont dans le Christ Jésus » (Ph 2, 5). Un message qui garde toute son actualité et ramène chacun à cette source qu'est notre Dieu, Un et Trine.

Le temps de la prière

« Mon cœur et ma chair sont un cri vers le Dieu vivant ! » (Ps 83, 3) ■

Emmanuelle Billoteau, ermite

L'ÉVÉNEMENT

Congrès Mission

Quoi ?
Un rassemblement pour réfléchir à la question : « Comment évangéliser aujourd'hui ? »

Où ?
Accor Arena, Paris (XIIe) et cinq églises parisiennes.

Quand ?
Du 7 au 9 novembre.

Comment ?
Renseignements : paris.congresmission.com

Congres Mission, Paris, 1er octobre 2022.

« Je m'appelle Guillaume Cordellier et, entraîné par un ami, j'ai participé au Congrès Mission de Paris pour la première fois, en 2019. J'ai été frappé par l'ambiance joyeuse, intergénérationnelle, pleine d'entrain et d'audace pour ...

Congrès Mission 2021, cathédrale Saint-Jean de Besançon (25).

••• la mission. J'étais loin d'imaginer que l'Église bouillonnait de tant d'initiatives extrêmement diverses, souvent inédites et potentiellement transposables dans nos réalités locales. C'est aussi la première fois où j'ai participé à une évangélisation de rue, ce fut une riche découverte. À cette époque, j'étais responsable du service diocésain pour l'évangélisation des jeunes et des vocations à Besançon (25). Cette participation a été un formidable stimulant dans mon approche auprès des jeunes. Avec cet ami, nous nous sommes lancés dans l'aventure et avons organisé un Congrès Mission en 2021 et un deuxième en 2023 à Besançon. Ces deux congrès diocésains ont été très fédérateurs. Ils ont permis de rassembler des laïcs des quatre coins du diocèse, jusqu'alors inconnus entre eux, dans une seule et même voie, celle de témoigner de leur relation avec le Christ. Les contacts se sont facilement noués et chacun s'est rendu compte qu'il avait son rôle à jouer dans la mission. Je me rendrai à Paris en novembre prochain en simple congressiste pour "recharger les batteries", espérant emmener une cinquantaine de baptisés de notre diocèse ! » ■

Propos recueillis par
Geneviève Pasquier, journaliste

LUNDI 10 NOVEMBRE 2025

32[E] SEMAINE DU TEMPS ORDINAIRE COULEUR LITURGIQUE : BLANC

Saint Léon le Grand

Ve siècle. Élu pape en 440, il eut à faire face aux invasions barbares ainsi qu'à de fortes controverses théologiques sur la divinité du Christ. Homme énergique et vrai pasteur.

Antienne d'ouverture

Le Seigneur a conclu avec lui une alliance de paix.
Il l'a établi chef du sanctuaire pour que lui appartienne
à jamais la dignité du sacerdoce. (cf. Si 45, 24)

Prière

Seigneur Dieu, tu ne laisses pas les puissances de la mort l'emporter sur ton Église, fondée sur le roc inébranlable de l'apôtre Pierre ; à l'intercession du bienheureux pape Léon, donne-lui de rester ferme dans ta vérité, et, sous ta protection, d'être toujours dans la paix. Par Jésus… ***— Amen.***

Lecture

du livre de la Sagesse (1, 1-7)

« La Sagesse est un esprit ami des hommes. L'esprit du Seigneur remplit l'univers »

Aimez la justice, vous qui gouvernez la terre, ayez sur le Seigneur des pensées droites, cherchez-le avec un cœur simple, car il se laisse trouver par ceux qui ne le mettent pas à l'épreuve, il se manifeste à ceux qui ne refusent pas de croire en lui. Les pensées tortueuses éloignent de Dieu, et sa puissance confond les insensés qui la provoquent. Car la Sagesse ne peut entrer dans une âme qui veut le mal, ni habiter dans un corps asservi

au péché. L'Esprit saint, éducateur des hommes, fuit l'hypocrisie, il se détourne des projets sans intelligence, quand survient l'injustice, il la confond. La Sagesse est un esprit ami des hommes, mais elle ne laissera pas le blasphémateur impuni pour ses paroles ; car Dieu scrute ses reins, avec clairvoyance il observe son cœur, il écoute les propos de sa bouche. L'esprit du Seigneur remplit l'univers : lui qui tient ensemble tous les êtres, il entend toutes les voix.
– Parole du Seigneur.

Psaume 138 (139)

℟ ***Conduis-moi, Seigneur, sur le chemin d'éternité.***

Tu me scrutes, Seigneur, et tu sais !
Tu sais quand je m'assois, quand je me lève ;
de très loin, tu pénètres mes pensées.
Que je marche ou me repose, tu le vois,
tous mes chemins te sont familiers. ℟

Avant qu'un mot ne parvienne à mes lèvres,
déjà, Seigneur, tu le sais.
Tu me devances et me poursuis,
tu m'enserres,
tu as mis la main sur moi.
Savoir prodigieux qui me dépasse,
hauteur que je ne puis atteindre ! ℟

Où donc aller, loin de ton souffle ?
où m'enfuir, loin de ta face ?
Je gravis les cieux : tu es là ;
je descends chez les morts : te voici. ℟

Je prends les ailes de l'aurore
et me pose au-delà des mers :
même là, ta main me conduit,
ta main droite me saisit. ℟

Acclamation de l'Évangile

Alléluia. Alléluia. Vous brillez comme des astres dans l'univers en tenant ferme la parole de vie. ***Alléluia.***

Évangile de Jésus Christ

selon saint Luc (17, 1-6)

« Si sept fois par jour ton frère revient à toi en disant : "Je me repens", tu lui pardonneras »

En ce temps-là, Jésus disait à ses disciples : « Il est inévitable que surviennent des scandales, des occasions de chute ; mais malheureux celui par qui cela arrive ! Il vaut mieux qu'on lui attache au cou une meule en pierre et qu'on le précipite à la mer, plutôt qu'il ne soit une occasion de chute pour un seul des petits que voilà.

« Prenez garde à vous-mêmes ! Si ton frère a commis un péché, fais-lui de vifs reproches, et, s'il se repent, pardonne-lui. Même si sept fois par jour il commet un péché contre toi, et que sept fois de suite il revienne à toi en disant : "Je me repens", tu lui pardonneras. »

Les Apôtres dirent au Seigneur : « Augmente en nous la foi ! » Le Seigneur répondit : « Si vous aviez de la foi*, gros comme une graine de moutarde, vous auriez dit à l'arbre que voici : "Déracine-toi et va te planter dans la mer", et il vous aurait obéi. »

Prière sur les offrandes

En te présentant ces offrandes, Seigneur, nous te prions : dans ta bonté, éclaire ton Église, de sorte qu'en tous lieux progresse ton troupeau et que les pasteurs, sous ta conduite, puissent te plaire en glorifiant ton nom. Par le Christ, notre Seigneur. **— *Amen.***

Antienne de la communion

Pierre dit à Jésus : « Tu es le Christ,
le Fils du Dieu vivant. »
Jésus lui répondit : « Tu es Pierre,
et sur cette pierre je bâtirai
mon Église. »
(cf. Mt 16, 16.18)

Prière après la communion

À la table sainte, Seigneur, tu refais les forces de ton Église ; nous t'en prions : dans ta bienveillance, dirige-la ; sous ta forte impulsion, qu'elle voie grandir sa liberté et demeure dans la pureté de la foi. Par le Christ, notre Seigneur.
— *Amen.*

INVITATION

Je choisis un geste de sobriété à vivre aujourd'hui.

COMMENTAIRE

Un grain de folie Luc 17, 1-6

« Augmente en nous la foi », les disciples sont devenus comptables, ils calculent et en veulent davantage. Plus de dividendes, de capital de foi, comme en bourse. Touchante demande, mais à côté. Car, dit Jésus, il suffit d'un grain de sénevé. Juste un petit grain, comme un grain de folie qui ose le tout pour le tout et se plante au grand large jusqu'au pardon et au soin des petits. Cela suffit comme foi. ■

Colette Hamza, xavière

CLÉ DE LECTURE

« De la foi » Luc 17, 6 *(p. 91)*

L'exhortation de Jésus a quelque chose d'extravagant. Qui peut déraciner un arbre d'un mot, ou prétendre qu'un grain de foi suffirait à le faire ? L'agencement de ce petit ensemble de paroles un peu disparates peut nous éclairer. Les différentes situations que Jésus vient d'évoquer sont toutes d'une exigence redoutable : ne scandaliser personne, pardonner jusqu'à sept fois au frère qui nous maltraite ou nous trahit et semble se moquer de notre pardon ! Seul celui qui met toute sa confiance dans un Dieu d'amour et de miséricorde, sans jamais en douter, pourra s'en approcher. Or, cet homme d'une foi parfaite, c'est Jésus lui-même, qui en accord total avec le Père, est allé jusqu'au bout de l'accueil et du pardon. Lui seul peut nous donner son Esprit ! ■

Roselyne Dupont-Roc, bibliste

MARDI 11 NOVEMBRE 2025

32ᴱ SEMAINE DU TEMPS ORDINAIRE COULEUR LITURGIQUE : BLANC

Saint Martin de Tours

IVe siècle. Soldat à la charité légendaire, ermite, fondateur du monastère de Ligugé, évêque de Tours : saint Martin fut un acteur majeur de l'évangélisation des Gaules.

Antienne d'ouverture

Je susciterai pour moi un prêtre fidèle qui agira selon mon cœur et mon esprit, dit le Seigneur. (cf. 1 S 2, 35)

Prière

Seigneur Dieu, tu as été glorifié par la vie et par la mort du bienheureux évêque Martin ; renouvelle en nos cœurs les merveilles de ta grâce, pour que ni la mort ni la vie ne puissent nous séparer de ton amour. Par Jésus… – ***Amen.***

Lecture

du livre de la Sagesse (2, 23 – 3, 9)

« Aux yeux de l'insensé, ils ont paru mourir ; mais ils sont dans la paix »

Dieu a créé l'homme pour l'incorruptibilité, il a fait de lui une image de sa propre identité. C'est par la jalousie du diable que la mort est entrée dans le monde ; ils en font l'expérience, ceux qui prennent parti pour lui. Mais les âmes des justes sont dans la main de Dieu ; aucun tourment n'a de prise sur eux. Aux yeux de l'insensé, ils ont paru mourir ; leur départ est compris comme un malheur, et leur éloignement, comme une fin : mais ils sont dans la paix. Au regard des hommes, ils ont subi un châtiment, mais l'espérance de l'immortalité les comblait. Après

de faibles peines, de grands bienfaits les attendent, car Dieu les a mis à l'épreuve et trouvés dignes de lui. Comme l'or au creuset, il les a éprouvés ; comme une offrande parfaite, il les accueille. Au temps de sa visite, ils resplendiront : comme l'étincelle qui court sur la paille, ils avancent. Ils jugeront les nations, ils auront pouvoir sur les peuples, et le Seigneur régnera sur eux pour les siècles. Qui met en lui sa foi comprendra la vérité ; ceux qui sont fidèles resteront, dans l'amour, près de lui. Pour ses amis, grâce et miséricorde : il visitera ses élus. – Parole du Seigneur.

Psaume 33 (34)

℟ ***Je bénirai le Seigneur toujours et partout.***

Je bénirai le Seigneur en tout temps,
sa louange sans cesse à mes lèvres.
Je me glorifierai dans le Seigneur :
que les pauvres m'entendent
et soient en fête ! ℟

Le Seigneur regarde les justes,
il écoute, attentif à leurs cris.
Le Seigneur affronte les méchants
pour effacer de la terre leur mémoire. ℟

Le Seigneur entend ceux qui l'appellent :
de toutes leurs angoisses, il les délivre.
Il est proche du cœur brisé,
il sauve l'esprit abattu. ℟

Acclamation de l'Évangile

Alléluia. Alléluia. Si quelqu'un m'aime, il gardera ma parole, dit le Seigneur ; mon Père l'aimera, et nous viendrons vers lui. ***Alléluia.***

Évangile de Jésus Christ

selon saint Luc (17, 7-10)

« Nous sommes de simples serviteurs : nous n'avons fait que notre devoir »

En ce temps-là, Jésus disait : « Lequel d'entre vous, quand son serviteur aura labouré ou gardé les bêtes, lui dira à son retour des champs : "Viens vite prendre place à table" ? Ne lui dira-t-il pas plutôt : "Prépare-moi à dîner, mets-toi en tenue pour me servir, le temps que je mange et boive. Ensuite tu mangeras et boiras à ton tour" ? Va-t-il être reconnaissant envers ce serviteur d'avoir exécuté ses ordres ? De même vous aussi, quand vous aurez exécuté tout ce qui vous a été ordonné, dites : "Nous sommes de simples serviteurs : nous n'avons fait que notre devoir." »

Prière sur les offrandes

Sanctifie cette offrande, Seigneur Dieu ; heureux de célébrer saint Martin, nous te la présentons : qu'elle nous aide toujours à marcher vers toi à travers les épreuves et les joies de cette vie. Par le Christ, notre Seigneur. – ***Amen.***

Antienne de la communion

Amen, je vous le dis :
tout ce que vous avez fait à l'un
de ces plus petits de mes frères,
c'est à moi que vous l'avez fait,
dit le Seigneur.
(cf. Mt 25, 40)

Prière après la communion

Tu as refait nos forces, Seigneur, par le sacrement de l'unité ; donne-nous de vivre toujours en parfait accord avec ta volonté, pour qu'en imitant le bienheureux Martin dans l'offrande totale qu'il te fit de lui-même, nous ayons la fierté de t'appartenir vraiment. Par le Christ, notre Seigneur. — ***Amen.***

INVITATION

En cet anniversaire de l'Armistice, je confie à saint Martin, patron des militaires, tous les soldats qui risquent leur vie pour les autres et je prie pour la paix dans le monde.

COMMENTAIRE

Un Maître venu pour servir

Luc 17, 7-10

Qui de vous en posture de maître traitera son serviteur autrement qu'en serviteur ? Quel maître l'inviterait à sa table ? Un seul, le Christ se présente comme un maître, venu non pour être servi mais pour servir. Lui seul traite ainsi ses serviteurs, même les ouvriers de la dernière heure, même les bons à rien. Il va jusqu'à les servir et les appelle amis ! Qui de nous fera ainsi à sa suite ? ■

Colette Hamza, xavière

MERCREDI 12 NOVEMBRE 2025

32E SEMAINE DU TEMPS ORDINAIRE COULEUR LITURGIQUE : ROUGE

Saint Josaphat

1580-1623. Né de parents orthodoxes, il adhéra à l'Église ukrainienne unie à Rome. Nommé archevêque de Polotsk, il travailla avec ferveur à l'unité des chrétiens, avant d'être assassiné.

Antienne d'ouverture

Fidèles à l'alliance du Seigneur et aux lois de leurs pères,
les saints de Dieu ont persévéré dans l'amour fraternel
car ils avaient toujours un même esprit et une même foi.

Prière

Réveille en ton Église, Seigneur, l'Esprit dont fut rempli saint Josaphat, vrai berger qui donna sa vie pour ses brebis ; permets qu'avec l'appui de sa prière, et fortifiés par le même Esprit, nous n'ayons pas peur de donner notre vie pour nos frères. Par Jésus… ***— Amen.***

Lecture

du livre de la Sagesse (6, 1-11)

« Écoutez, ô rois, et comprenez, afin que vous appreniez la sagesse »

Écoutez, ô rois, et comprenez ; instruisez-vous, juges de toute la terre. Soyez attentifs, vous qui dominez les foules, qui vous vantez de la multitude de vos peuples. Car la domination vous a été donnée par le Seigneur, et le pouvoir, par le Très-Haut, lui qui examinera votre conduite et scrutera vos intentions. En effet, vous êtes les ministres de sa royauté ; si donc vous n'avez pas rendu la justice avec droiture, ni

observé la Loi, ni vécu selon les intentions de Dieu, il fondra sur vous, terrifiant et rapide, car un jugement implacable s'exerce sur les grands ; au petit, par pitié, on pardonne, mais les puissants seront jugés avec puissance. Le Maître de l'univers ne reculera devant personne, la grandeur ne lui en impose pas ; car les petits comme les grands, c'est lui qui les a faits : il prend soin de tous pareillement. Les puissants seront soumis à une enquête rigoureuse. C'est donc pour vous, souverains, que je parle, afin que vous appreniez la sagesse et que vous évitiez la chute, car ceux qui observent saintement les lois saintes seront reconnus saints, et ceux qui s'en instruisent y trouveront leur défense. Recherchez mes paroles, désirez-les ; elles feront votre éducation.

– Parole du Seigneur.

Psaume 81 (82)

℟ ***Lève-toi, Dieu, juge la terre !***

Rendez justice au faible, à l'orphelin ;
faites droit à l'indigent, au malheureux.
Libérez le faible et le pauvre,
arrachez-le aux mains des impies. ℟

Je l'ai dit : Vous êtes des dieux,
des fils du Très-Haut, vous tous !
Pourtant, vous mourrez
comme des hommes,
comme les princes, tous, vous tomberez ! ℟

Acclamation de l'Évangile

Alléluia. Alléluia. Rendez grâce en toute circonstance : c'est la volonté de Dieu à votre égard dans le Christ Jésus. ***Alléluia.***

Évangile de Jésus Christ

selon saint Luc (17, 11-19)

« Il ne s'est trouvé parmi eux que cet étranger pour revenir sur ses pas et rendre gloire à Dieu ! »

En ce temps-là, Jésus, marchant vers Jérusalem, traversait la région située entre la Samarie et la Galilée. Comme il entrait dans un village, dix lépreux vinrent à sa rencontre. Ils s'arrêtèrent à distance et lui crièrent : « Jésus, maître, prends pitié de nous. » À cette vue, Jésus leur dit : « Allez vous montrer aux prêtres. » En cours de route, ils furent purifiés. L'un d'eux, voyant qu'il était guéri, revint sur ses pas, en glorifiant Dieu à pleine voix. Il se jeta face contre terre aux pieds de Jésus en lui rendant grâce. Or, c'était un Samaritain. Alors Jésus prit la parole en disant : « Tous les dix n'ont-ils pas été purifiés ? Les neuf autres, où sont-ils ? Il ne s'est trouvé parmi eux que cet étranger pour revenir sur ses pas et rendre gloire à Dieu ! » Jésus lui dit : « Relève-toi et va : ta foi t'a sauvé. »

Prière sur les offrandes

Dieu de toute clémence, répands ta bénédiction sur ces offrandes, rends-nous fermes dans la foi que saint Josaphat défendit jusqu'à répandre son sang pour toi. Par le Christ, notre Seigneur. — ***Amen.***

Antienne de la communion

Qui aura perdu sa vie
à cause de moi, dit le Seigneur,
la gardera pour toujours.
(cf. Mt 10, 39)

Prière après la communion

Puissions-nous, Seigneur, trouver à cette table du ciel un esprit de force et de paix : qu'à l'exemple de saint Josaphat, nous donnions notre vie sans réserve pour l'honneur de l'Église et pour son unité. Par le Christ, notre Seigneur. ***— Amen.***

INVITATION

Je prie aujourd'hui pour les vocations et pour toutes celles et ceux qui sont appelés en ce moment à discerner un engagement de vie.

COMMENTAIRE

Un horizon qui nous dépasse Luc 17, 11-19

Seul le lépreux étranger revient sur ses pas pour rendre gloire de sa guérison. Dieu manifeste sa bonté à tous les hommes, nul n'en est exclu. Baptisés, en Église, nous nous comportons parfois en propriétaires de cette grâce, nous la vivons comme un dû, tels ces neuf lépreux eux aussi purifiés. L'étranger nous redit l'horizon large où agit le don de Dieu et invite à entrer avec lui dans l'action de grâce. ■

***Colette Hamza**, xavière*

JEUDI 13 NOVEMBRE 2025

32e SEMAINE DU TEMPS ORDINAIRE COULEUR LITURGIQUE : VERT

Temps ordinaire, *suggestion d'oraisons et d'antiennes n° 15*

Antienne d'ouverture

Moi, par ta justice, je verrai ta face ;
quand ta gloire se manifestera, je serai rassasié. (cf. Ps 16, 15)

Prière

Seigneur Dieu, tu montres aux égarés la lumière de ta vérité pour qu'ils puissent reprendre le bon chemin ; donne à tous ceux qui se déclarent chrétiens de rejeter ce qui est contraire à ce nom et de rechercher ce qui lui fait honneur. Par Jésus…
— Amen.

Lecture

du livre de la Sagesse (7, 22 – 8, 1)

« La Sagesse est le rayonnement de la lumière éternelle,
le miroir sans tache de l'activité de Dieu »

Il y a dans la Sagesse un esprit intelligent et saint, unique et multiple, subtil et rapide ; perçant, net, clair et intact ; ami du bien, vif, irrésistible, bienfaisant, ami des hommes ; ferme, sûr et paisible, tout-puissant et observant tout, pénétrant tous les esprits, même les plus intelligents, les plus purs, les plus subtils. La Sagesse, en effet, se meut d'un mouvement qui surpasse tous les autres ; elle traverse et pénètre toute chose à cause de sa

pureté. Car elle est la respiration de la puissance de Dieu, l'émanation toute pure de la gloire du Souverain de l'univers ; aussi rien de souillé ne peut l'atteindre. Elle est le rayonnement* de la lumière éternelle, le miroir sans tache de l'activité de Dieu, l'image de sa bonté.

Comme elle est unique, elle peut tout ; et sans sortir d'elle-même, elle renouvelle l'univers. D'âge en âge, elle se transmet à des âmes saintes, pour en faire des prophètes et des amis de Dieu. Car Dieu n'aime que celui qui vit avec la Sagesse. Elle est plus belle que le soleil, elle surpasse toutes les constellations ; si on la compare à la lumière du jour, on la trouve bien supérieure, car le jour s'efface devant la nuit, mais contre la Sagesse le mal ne peut rien. Elle déploie sa vigueur d'un bout du monde à l'autre, elle gouverne l'univers avec bonté.

– Parole du Seigneur.

Psaume 118 (119)

℟ ***Pour toujours, ta parole, Seigneur.***

Pour toujours, ta parole, Seigneur,
se dresse dans les cieux.
Ta fidélité demeure d'âge en âge,
la terre que tu fixas tient bon. ℟

Jusqu'à ce jour, le monde tient
par tes décisions :
toute chose est ta servante.

Déchiffrer ta parole illumine,
et les simples comprennent. ℟

Pour ton serviteur que
ton visage s'illumine :
apprends-moi tes commandements.
Que je vive et que mon âme te loue !
Tes décisions me soient en aide ! ℟

Acclamation de l'Évangile

Alléluia. Alléluia. Moi, je suis la vigne, et vous les sarments, dit le Seigneur. Celui qui demeure en moi et en qui je demeure, celui-là porte beaucoup de fruit. ***Alléluia.***

Évangile de Jésus Christ

selon saint Luc (17, 20-25)

« Le règne de Dieu est au milieu de vous »

En ce temps-là, comme les pharisiens demandaient à Jésus quand viendrait le règne de Dieu, il prit la parole et dit : « La venue du règne de Dieu n'est pas observable. On ne dira pas : "Voilà, il est ici !" ou bien : "Il est là !" En effet, voici que le règne de Dieu est au milieu de vous. » Puis il dit aux disciples : « Des jours viendront où vous désirerez voir un seul des jours du Fils de l'homme, et vous ne le verrez pas. On vous dira : "Voilà, il est là-bas !" ou bien : "Voici, il est ici !" N'y allez pas, n'y courez pas. En effet, comme l'éclair qui jaillit illumine l'horizon d'un bout à l'autre, ainsi le Fils de l'homme, quand son jour sera là. Mais auparavant, il faut qu'il souffre beaucoup et qu'il soit rejeté par cette génération. »

Prière sur les offrandes

Regarde, Seigneur, les dons de l'Église qui te supplie : accorde à tes fidèles qui vont les recevoir la grâce d'une sainteté plus grande. Par le Christ, notre Seigneur. ***— Amen.***

Antienne de la communion

Le passereau lui-même s'est trouvé une maison, et la tourterelle, un nid pour abriter sa couvée : tes autels, Seigneur de l'univers, mon Roi et mon Dieu ! Heureux les habitants de ta maison : ils te loueront pour les siècles des siècles.
(cf. Ps 83, 4-5)

OU

Celui qui mange ma chair et boit mon sang demeure en moi, et moi, je demeure en lui, dit le Seigneur. (Jn 6, 56)

Prière après la communion

Nous avons reçu tes bienfaits, Seigneur, et nous te supplions : chaque fois que nous célébrons ce mystère, fais grandir en nous ton œuvre de salut. Par le Christ, notre Seigneur. – ***Amen.***

INVITATION

Le règne de Dieu est au milieu de nous. Je prends le temps de m'émerveiller aujourd'hui devant un paysage, une belle action, ma vie…

COMMENTAIRE

Le salut à l'œuvre

Luc 17, 20-25

« Le règne de Dieu est au milieu de vous ! » Il est là, humble et silencieux, partout où le Christ imprime, intérieurement, sa victoire sur le péché, sur toute mort. Il est là, partout où il y a une vie christique, où des mains prennent soin et relèvent. Regardons, discernons ces signes du salut à l'œuvre, là où des femmes et des hommes travaillent à la justice et à la dignité de toutes et tous. ■

Colette Hamza, xavière

✲ CLÉ DE LECTURE

« Rayonnement »

Sagesse 7, 26 *(p. 103)*

Cet admirable poème, éloge de la Sagesse éternelle de Dieu, est l'un des fleurons du judaïsme hellénistique en dialogue avec la tradition philosophique grecque, quelques décennies avant J.-C. En écho au chapitre 8 du livre des Proverbes, l'auteur personnifie la Sagesse, agent du Dieu créateur, à l'œuvre dans un univers dont il admire les lois. En cela, elle rejoint la conception stoïcienne du Souffle de vie, *« pneuma »*, mais aussi bien du *« logos »*, Parole ou raison qui tient ensemble et gouverne le cosmos. Portant la bénédiction de Dieu, la Sagesse juive, souvent associée à son Esprit Saint, pénètre et anime les cœurs humains et les tourne vers Dieu pour qu'ils s'accordent à son projet de justice et de bonheur. La lettre aux Hébreux appliquera cet éloge au Christ (cf. He 1, 3). ■

Roselyne Dupont-Roc, bibliste

VENDREDI 14 NOVEMBRE 2025

32E SEMAINE DU TEMPS ORDINAIRE COULEUR LITURGIQUE : VERT

Temps ordinaire, *suggestion d'oraisons et d'antiennes n° 16*

9 - 15

Antienne d'ouverture

Voici que Dieu vient à mon aide, le Seigneur est le soutien de mon âme. De grand cœur, je t'offrirai le sacrifice, je confesserai ton nom, car il est bon ! (cf. Ps 53, 6.8)

Prière

Sois favorable à tes fidèles, Seigneur, et, dans ta bonté, multiplie pour eux les dons de ta grâce, afin que, brûlant de charité, de foi et d'espérance, ils soient toujours vigilants pour garder tes commandements. Par Jésus… — ***Amen.***

Lecture

du livre de la Sagesse (13, 1-9)

« S'ils sont capables d'avoir une idée sur le cours éternel des choses, comment n'ont-ils pas découvert Celui qui en est le Maître ? »

De nature, ils sont inconsistants, tous ces gens qui restent dans l'ignorance de Dieu : à partir de ce qu'ils voient de bon, ils n'ont pas été capables de connaître Celui qui est ; en examinant ses œuvres, ils n'ont pas reconnu l'Artisan*. Mais c'est le feu, le vent, la brise légère, la ronde des étoiles, la violence des flots, les luminaires du ciel gouvernant le cours du monde, qu'ils ont regardés comme des dieux. S'ils les ont pris pour des

dieux, sous le charme de leur beauté, ils doivent savoir combien le Maître de ces choses leur est supérieur, car l'Auteur même de la beauté est leur créateur. Et si c'est leur puissance et leur efficacité qui les ont frappés, ils doivent comprendre, à partir de ces choses, combien est plus puissant Celui qui les a faites. Car à travers la grandeur et la beauté des créatures, on peut contempler, par analogie, leur Auteur. Et pourtant, ces hommes ne méritent qu'un blâme léger ; car c'est peut-être en cherchant Dieu et voulant le trouver, qu'ils se sont égarés : plongés au milieu de ses œuvres, ils poursuivent leur recherche et se laissent prendre aux apparences : ce qui s'offre à leurs yeux est si beau ! Encore une fois, ils n'ont pas d'excuse. S'ils ont poussé la science à un degré tel qu'ils sont capables d'avoir une idée sur le cours éternel des choses, comment n'ont-ils pas découvert plus vite Celui qui en est le Maître ?
– Parole du Seigneur.

Psaume 18A (19)

℟ ***Les cieux proclament la gloire de Dieu.***

Les cieux proclament la gl**o**ire de Dieu,
le firmament raconte l'ouvr**a**ge de ses mains.
Le jour au jour en l**i**vre le récit
et la nuit à la nuit en d**o**nne connaissance. ℟

Pas de par**o**les dans ce récit,
pas de v**o**ix qui s'entende ;
mais sur toute la terre en par**a**ît le message
et la nouvelle, aux lim**i**tes du monde. ℟

Acclamation de l'Évangile

Alléluia. Alléluia. Redressez-vous et relevez la tête, car votre rédemption approche. ***Alléluia.***

Évangile de Jésus Christ

selon saint Luc (17, 26-37)

« Le jour où le Fils de l'homme se révélera »

En ce temps-là, Jésus disait à ses disciples : « Comme cela s'est passé dans les jours de Noé, ainsi en sera-t-il dans les jours du Fils de l'homme. On mangeait, on buvait, on prenait femme, on prenait mari, jusqu'au jour où Noé entra dans l'arche et où survint le déluge qui les fit tous périr. Il en était de même dans les jours de Loth : on mangeait, on buvait, on achetait, on vendait, on plantait, on bâtissait; mais le jour où Loth sortit de Sodome, du ciel tomba une pluie de feu et de soufre qui les fit tous périr; cela se passera de la même manière le jour où le Fils de l'homme se révélera. En ce jour-là, celui qui sera sur sa terrasse, et aura ses affaires dans sa maison, qu'il ne descende pas pour les emporter; et de même celui qui sera dans son champ, qu'il ne retourne pas en arrière. Rappelez-vous la femme de Loth. Qui cherchera à conserver sa vie la perdra. Et qui la perdra la sauvegardera. Je vous le dis : Cette nuit-là, deux personnes seront dans le même lit : l'une sera prise, l'autre laissée. Deux femmes seront ensemble en train de moudre du grain : l'une sera prise, l'autre laissée. » Prenant alors la parole, les disciples lui demandèrent : « Où donc, Seigneur ? » Il leur répondit : « Là où sera le corps, là aussi se rassembleront les vautours. »

Prière sur les offrandes

Seigneur Dieu, dans le sacrifice unique et parfait de ton Fils, tu as porté à leur achèvement les multiples sacrifices de l'ancienne Loi ; reçois maintenant le sacrifice offert par tes fidèles serviteurs et sanctifie-le comme tu as béni les présents d'Abel : que les dons offerts par chacun pour honorer ta gloire servent au salut de tous. Par le Christ, notre Seigneur. — ***Amen.***

Antienne de la communion

Le Seigneur est tendresse et pitié ;
de ses merveilles il a laissé
un mémorial. Il a donné des vivres
à ceux qui le craignent. (cf. Ps 110, 4-5)

OU

Voici que je me tiens à la porte,
et je frappe, dit le Seigneur.
Si quelqu'un entend ma voix et ouvre la porte, j'entrerai chez lui; je prendrai mon repas avec lui, et lui avec moi.
(Ap 3, 20)

Prière après la communion

Dans ta bienveillance, reste auprès de ton peuple, nous t'en prions, Seigneur ; puisque tu l'as initié aux sacrements du ciel, fais-le passer de ce qui est ancien à la vie nouvelle. Par le Christ, notre Seigneur. — ***Amen.***

INVITATION

Je prends aujourd'hui un moment pour m'asseoir et me tenir en présence du Seigneur.

COMMENTAIRE

Corps vivant Sagesse 13, 1-9 ; Luc 17, 26-37

Ancrer nos vies dans le Seigneur et non dans mille occupations, nécessaires à nos vies mais insuffisantes pour leur donner sens. Alors le jour de sa venue ne nous surprendra pas. Mais où donc est le Seigneur ? « Là où il y a un corps, là aussi se rassemblent les vautours. » Rester rassemblés autour de ce Corps rompu pour notre vie, sans nous laisser égarer par des œuvres mortes comme dit la Sagesse. ■

Colette Hamza, xavière

✼ CLÉ DE LECTURE

« Pas reconnu l'Artisan » Sagesse 13, 1 *(p. 107)*

Le livre de la Sagesse systématise la critique des idoles déjà présente dans les livres prophétiques, comme dans le livre d'Isaïe (cf. Is 44, 9-15) : les hommes se fabriquent des faux dieux et s'asservissent aux œuvres de leurs propres mains. Nous pourrions ajouter aux œuvres de leur imagination, leurs idéologies, leurs fantasmes, leur culte de la personnalité ! L'auteur de la Sagesse est plus subtil, il sait que les êtres humains ont pu découvrir Dieu à travers la beauté du monde et de l'univers. Ils ont « connu » Dieu, mais ils ont refusé de le « re-connaître », de lui rendre grâce et d'entrer dans son projet créateur de beauté et de bien. Paul, dans la lettre aux Romains (cf. Rm 1, 19), développe plus largement ce refus de Dieu qui referme l'humanité sur elle-même dans un geste d'autodestruction. ■

Roselyne Dupont-Roc, bibliste

SAMEDI 15 NOVEMBRE 2025

32E SEMAINE DU TEMPS ORDINAIRE COULEUR LITURGIQUE : VERT

Temps ordinaire, *suggestion d'oraisons et d'antiennes n° 17*
ou **bienheureuse Vierge Marie,** *voir p. 70*
ou **saint Albert le Grand**

Antienne d'ouverture

Dieu se tient dans sa sainte demeure ; Dieu fait habiter les siens unanimes dans sa maison : c'est lui qui donne à son peuple force et puissance.
(cf. Ps 67, 6-7.36)

Prière

Tu protèges, Seigneur Dieu, ceux qui espèrent en toi ; sans toi, rien n'est fort et rien n'est saint : multiplie pour nous les signes de ta miséricorde, afin que, sous ta conduite et sous ta direction, en faisant un bon usage des biens qui passent, nous puissions déjà nous attacher à ceux qui demeurent. Par Jésus… ***— Amen.***

Lecture

du livre de la Sagesse (18, 14-16 ; 19, 6-9)

« De la mer Rouge surgit un chemin sans obstacles.
Ils bondissaient comme des agneaux »

Un silence paisible enveloppait toute chose, et la nuit de la Pâque était au milieu de son cours rapide ; alors, du haut du ciel, venant de ton trône royal, Seigneur, ta Parole toute-puissante fondit en plein milieu de ce pays de détresse, comme un guerrier impitoyable, portant l'épée tranchante* de ton décret inflexible. Elle s'arrêta, et sema partout la mort ;

elle touchait au ciel et marchait aussi sur la terre.
La création entière, dans sa propre nature, était remodelée au service de tes décrets, pour que tes enfants soient gardés sains et saufs. On vit la nuée recouvrir le camp de son ombre, on vit la terre sèche émerger là où il n'y avait eu que de l'eau ; de la mer Rouge surgit un chemin sans obstacles et, des flots impétueux, une plaine verdoyante. C'est là que le peuple entier, protégé par ta main, traversa en contemplant des prodiges merveilleux. Ils étaient comme des chevaux dans un pré, ils bondissaient comme des agneaux et chantaient ta louange, Seigneur : tu les avais délivrés.
– Parole du Seigneur.

Psaume 104 (105)

℟ ***Souvenez-vous des merveilles que le Seigneur a faites.***
OU ***Alléluia !***

Chantez et jouez pour lui,
redites sans fin ses merveilles ;
glorifiez-vous de son nom très saint :
joie pour les cœurs qui cherchent Dieu ! ℟

Il frappe les fils aînés du pays,
toute la fleur de la race ;
il fait sortir les siens chargés d'argent et d'or ;
pas un n'a flanché dans leurs tribus ! ℟

Il s'est ainsi souvenu de la parole sacrée
et d'Abraham, son serviteur ;
il a fait sortir en grande fête son peuple,
ses élus, avec des cris de joie ! ℟

Acclamation de l'Évangile

Alléluia. Alléluia. Par l'annonce de l'Évangile, Dieu vous appelle à partager la gloire de notre Seigneur Jésus Christ. ***Alléluia.***

Évangile de Jésus Christ

selon saint Luc (18, 1-8)

• *« Dieu ne ferait pas justice à ses élus, qui crient vers lui jour et nuit ? »*

En ce temps-là, Jésus disait à ses disciples une parabole sur la nécessité pour eux de toujours prier sans se décourager : « Il y avait dans une ville un juge qui ne craignait pas Dieu et ne respectait pas les hommes. Dans cette même ville, il y avait une veuve qui venait lui demander : "Rends-moi justice contre mon adversaire." Longtemps il refusa ; puis il se dit : "Même si je ne crains pas Dieu et ne respecte personne, comme cette veuve commence à m'ennuyer, je vais lui rendre justice pour qu'elle ne vienne plus sans cesse m'assommer." » Le Seigneur ajouta : « Écoutez bien ce que dit ce juge dépourvu de justice ! Et Dieu ne ferait pas justice à ses élus, qui crient vers lui jour et nuit ? Les fait-il attendre ? Je vous le déclare : bien vite, il leur fera justice. Cependant, le Fils de l'homme, quand il viendra, trouvera-t-il la foi sur la terre ? »

Prière sur les offrandes

Accueille, nous t'en prions, Seigneur, les dons prélevés pour toi sur tes propres largesses ; que ces mystères très saints, où ta grâce opère avec puissance, sanctifient notre vie de tous les jours et nous conduisent aux joies éternelles. Par le Christ, notre Seigneur. **— *Amen.***

Antienne de la communion

Bénis le Seigneur, ô mon âme,
n'oublie aucun de ses bienfaits.
(Ps 102, 2)

OU

Heureux les miséricordieux,
car ils obtiendront miséricorde.
Heureux les cœurs purs,
car ils verront Dieu. (Mt 5, 7-8)

Prière après la communion

Nous avons communié, Seigneur, au sacrement divin, mémorial à jamais de la passion de ton Fils ; nous t'en prions : fais servir à notre salut le don que lui-même nous a légué dans son amour inexprimable. Lui qui… **— *Amen.***

INVITATION

Demain aura lieu la Journée mondiale des pauvres,
je peux prier pour toutes les personnes qui se trouvent dans la précarité.

COMMENTAIRE

Renversons la question

Luc 18, 1-8

« Le Fils de l'homme trouvera-t-il la foi sur la terre ? » Notre foi se brise souvent sur le silence de Dieu, dans une prière qui semble vaine. Est-ce que Dieu fait attendre les justes criant vers lui ? On a parfois envie de dire oui ! Mais renversons la question, notre foi reconnaîtra-t-elle le Fils de l'Homme, sous les traits de la veuve qui vient nous « casser la tête », de ces petits qui frappent à nos portes ? ■

***Colette Hamza**, xavière*

✲ CLÉ DE LECTURE

« L'épée tranchante »

Sagesse 18, 16 *(p. 112)*

Dans une relecture de l'Exode aux accents épiques, l'auteur met en scène la parole de Dieu, son bras armé pour libérer son peuple opprimé. Le massacre des ennemis, aux dimensions cosmiques, devient le combat de Dieu contre toutes les puissances du mal. Le passage de la mer Rouge, en écho aux textes prodigieux d'Isaïe (cf. Is 43, 14-21) qui l'assimilait au retour d'exil, devient le lieu d'une nouvelle naissance : un passage de la mort à la vie que toute la Création célèbre dans un renouveau spectaculaire. Ainsi l'auteur médite-t-il sur la puissance de la parole de Dieu, Parole vivante, qui accompagne le peuple d'âge en âge. Une Parole dont l'Apocalypse fera l'arme même du Messie, montant le cheval blanc du combat pour la justice et contre le mal (cf. Ap 19, 13-15). ■

***Roselyne Dupont-Roc**, bibliste*

DIMANCHE 16 NOVEMBRE 2025

33E DIMANCHE DU TEMPS ORDINAIRE

ANNÉE C – COULEUR LITURGIQUE : VERT

« Vous serez détestés de tous, à cause de mon nom. » Luc 21, 17

© Marion Duval

Chaque dimanche, nous célébrons le « jour du Seigneur », dans l'attente de son retour. Mais les autres jours, le Christ nous appelle à rester actifs. La Journée mondiale des pauvres nous redit l'urgence d'agir en faveur des plus défavorisés et de leur annoncer leur place dans le Royaume. L'amour de Dieu est pour tous.

RITES INITIAUX

Chant d'entrée *(Suggestions p. 261)*
OU
Antienne d'ouverture
Mes pensées, dit le Seigneur, sont des pensées de paix
et non de malheur. Vous m'invoquerez, je vous écouterai,
et de partout je ramènerai vos captifs. (Jr 29, 11.12.14)

Suggestion de préparation pénitentielle *(ou p. 232)*
Frères et sœurs, le Seigneur nous appelle à croire en son Nom, à persévérer dans l'espérance, à redoubler de charité envers les pauvres. Préparons-nous à célébrer l'eucharistie en reconnaissant notre péché.

Seigneur Jésus, venu en notre humanité pour rendre témoignage à la vérité, prends pitié de nous.
— Prends pitié de nous.
Ô Christ, offert en sacrifice pour vaincre la mort et toutes les formes du mal, prends pitié de nous.
— Prends pitié de nous.
Seigneur, source de vie éternelle pour tous ceux qui comptent sur toi, prends pitié de nous.
— Prends pitié de nous.

Que Dieu tout-puissant nous fasse miséricorde ; qu'il nous pardonne nos péchés et nous conduise à la vie éternelle. ***— Amen.***

Gloire à Dieu *(p. 234)*

Prière

Seigneur notre Dieu, nous t'en prions : accorde-nous la joie de t'appartenir sans réserve, car c'est un bonheur durable et profond de servir constamment le créateur de tout bien. Par Jésus… – ***Amen.***

LITURGIE DE LA PAROLE

Lecture du livre du prophète Malachie (3, 19-20a)

« Pour vous, le Soleil de justice se lèvera »

Voici que vient le jour du Seigneur, brûlant comme la fournaise. Tous les arrogants, tous ceux qui commettent l'impiété, seront de la paille. Le jour qui vient les consumera, – dit le Seigneur de l'univers –, il ne leur laissera ni racine ni branche. Mais pour vous qui craignez mon nom, le Soleil de justice se lèvera : il apportera la guérison dans son rayonnement.

– Parole du Seigneur.

Psaume 97 (98)

℟ *Il vient, le Seigneur, gouverner les peuples avec droiture.*

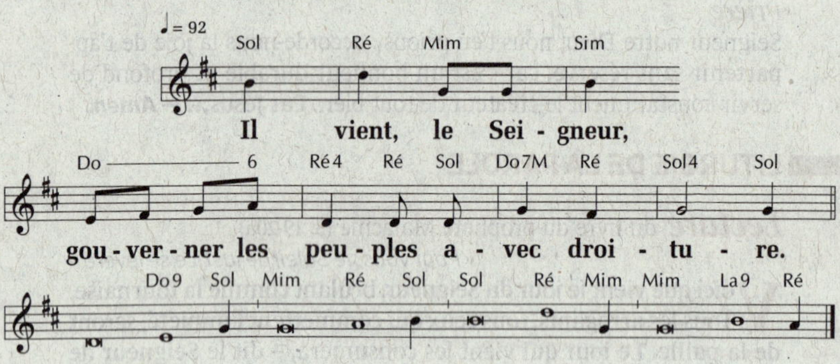

T. : AELF; M. : J.-P. Hervy; Éd. : ADF.

Jouez pour le Seigneur sur la cithare,
sur la cithare et tous les instruments;
au son de la trompette et du cor,
acclamez votre roi, le Seigneur! ℟

Que résonnent la mer et sa richesse,
le monde et tous ses habitants;
que les fleuves battent des mains,
que les montagnes chantent leur joie. ℟

Écoutez ce psaume sur
**www.prionseneglise.fr/
messe-du-dimanche**

Acclamez le Seigneur, car il vient
pour gouverner la terre,
pour gouverner le monde avec justice
et les peuples avec droiture ! ℟

Lecture de la deuxième lettre de saint Paul apôtre aux Thessaloniciens (3, 7-12)

« Si quelqu'un ne veut pas travailler, qu'il ne mange pas non plus »

Frères, vous savez bien, vous, ce qu'il faut faire pour nous imiter. Nous n'avons pas vécu parmi vous de façon désordonnée ; et le pain que nous avons mangé, nous ne l'avons pas reçu gratuitement. Au contraire, dans la peine et la fatigue, nuit et jour, nous avons travaillé pour n'être à la charge d'aucun d'entre vous. Bien sûr, nous avons le droit d'être à charge, mais nous avons voulu être pour vous un modèle à imiter. Et quand nous étions chez vous, nous vous donnions cet ordre : si quelqu'un ne veut pas travailler, qu'il ne mange pas non plus. Or, nous apprenons que certains d'entre vous mènent une vie déréglée, affairés sans rien faire. À ceux-là, nous adressons dans le Seigneur Jésus Christ cet ordre et cet appel : qu'ils travaillent dans le calme pour manger le pain qu'ils auront gagné.

– Parole du Seigneur.

Acclamation de l'Évangile

Alléluia. Alléluia. Redressez-vous et relevez la tête, car votre rédemption approche. ***Alléluia.***

E 135; M. : J. Gelineau; Psalmodie : P. Robert; Mame (Le Chalet).

Évangile de Jésus Christ selon saint Luc (21, 5-19)

« C'est par votre persévérance que vous garderez votre vie »

En ce temps-là, comme certains disciples parlaient du Temple, des belles pierres et des ex-voto qui le décoraient, Jésus leur déclara : « Ce que vous contemplez, des jours viendront où il n'en restera pas pierre sur pierre : tout sera détruit. » Ils lui demandèrent : « Maître, quand cela arrivera-t-il ? Et quel sera le signe que cela est sur le point d'arriver ? » Jésus répondit : « Prenez garde de

ne pas vous laisser égarer, car beaucoup viendront sous mon nom, et diront : “C’est moi”, ou encore : “Le moment est tout proche.” Ne marchez pas derrière eux ! Quand vous entendrez parler de guerres et de désordres, ne soyez pas terrifiés : il faut que cela arrive d’abord, mais ce ne sera pas aussitôt la fin. » Alors Jésus ajouta : « On se dressera nation contre nation, royaume contre royaume. Il y aura de grands tremblements de terre et, en divers lieux, des famines et des épidémies ; des phénomènes effrayants surviendront, et de grands signes venus du ciel. Mais avant tout cela, on portera la main sur vous et l’on vous persécutera ; on vous livrera aux synagogues et aux prisons, on vous fera comparaître devant des rois et des gouverneurs, à cause de mon nom. Cela vous amènera à rendre témoignage. Mettez-vous donc dans l’esprit que vous n’avez pas à vous préoccuper de votre défense. C’est moi qui vous donnerai un langage et une sagesse à laquelle tous vos adversaires ne pourront ni résister ni s’opposer. Vous serez livrés même par vos parents, vos frères, votre famille et vos amis, et ils feront mettre à mort certains d’entre vous. Vous serez détestés de tous, à cause de mon nom. Mais pas un cheveu de votre tête ne sera perdu. C’est par votre persévérance que vous garderez votre vie. »

Homélie

Profession de foi *(p. 235)*

Suggestion de prière universelle

Le prêtre :

Frères et sœurs, avec foi et persévérance, prions pour toute l'humanité, et particulièrement les familles isolées dans la pauvreté.

℟ ***En toi, notre cœur espère, Seigneur.***

Y 55-231-7, ADF © Studio SM; T. et M. : M. Scouarnec.

Le diacre ou un lecteur :

En ce dimanche du Secours catholique et IXe Journée mondiale des pauvres, dont le jubilé a lieu aujourd'hui à Rome, pour que l'Église se montre toujours fidèle à l'exemple du Christ Serviteur, prions humblement. ℟

Alors que la COP 30 se déroule au Brésil, pour que l'Esprit Saint éclaire et encourage tous les dirigeants à prendre les mesures qui s'imposent face aux évolutions climatiques, prions avec persévérance. ℟

En écho aux paroles de saint Paul faisant l'éloge du travail, pour toutes les personnes exclues du travail en raison de leur âge, de leur condition physique ou de leur manque de qualification, prions avec confiance. ℟

L'Évangile du Christ et la gloire de son Nom nous sont confiés. Pour que notre communauté paroissiale et que chacun de nous témoignent avec bonheur et courage de celui qui est la vie, prions ensemble. ℟

(Ces intentions seront adaptées ou modifiées selon les circonstances. On peut aussi s'inspirer de l'intention universelle du Saint-Père, p. 6.)

Le prêtre :

Dieu de justice et de paix, toi qui gouvernes les peuples, entends notre supplication et daigne exaucer nos demandes. Par le Christ, notre Seigneur. — ***Amen.***

LITURGIE EUCHARISTIQUE

Prière sur les offrandes

Nous t'en prions, Seigneur, Dieu de majesté : regarde les présents que nous t'offrons, et permets qu'ils nous obtiennent la grâce de te servir et de parvenir ainsi à l'éternité bienheureuse. Par le Christ, notre Seigneur. — ***Amen.***

Prière eucharistique *(Préface des dimanches, p. 238)*

Chant de communion *(Suggestions p. 261)*

OU

Antienne de la communion
Pour moi, il est bon de m'attacher à Dieu,
de mettre mon espoir dans le Seigneur, mon Dieu.
(cf. Ps 72, 28)
OU
Amen, je vous le dis :
tout ce que vous demandez dans la prière,
croyez que vous l'avez obtenu,
et cela vous sera accordé, dit le Seigneur.
(Mc 11, 23-24)

Prière après la communion
Seigneur, nous avons reçu les dons que tu nous as faits dans ce sacrement, et nous te supplions humblement : ton Fils nous a demandé de les célébrer en mémoire de lui, qu'ils augmentent en nous la charité. Par le Christ, notre Seigneur. — ***Amen.***

RITE DE CONCLUSION

Bénédiction

Envoi

COMMENTAIRE DU DIMANCHE

Luc Forestier, prêtre à La Madeleine (diocèse de Lille)

Des signes et des repères

En accompagnant nos frères et sœurs pour le Jubilé des pauvres à Rome, nous nous interrogeons sur les « signes » du Royaume à discerner. Le jour du Seigneur se rapproche, nous dit Malachie. Nous voyons des évènements qui se succèdent. Nous percevons bien des avertissements. Mais comment discerner les signes authentiques du royaume de Dieu, ce royaume de justice et de paix, que nous attendons avec toute l'humanité ?

Sur ce chemin synodal, quelques repères nous sont proposés, à commencer par la place essentielle des « pauvres », mais aussi la collaboration de chaque membre du corps du Christ au travail évangélique, comme nous y invite saint Paul. Tel est ce pain quotidien que nous quémandons chaque jour, et qui nous est donné •••

••• par grâce. Un troisième repère nous est proposé aujourd'hui quand saint Luc nous rappelle que nous sommes témoins, c'est-à-dire « martyrs », puisque c'est le même mot en grec. Comme femmes et hommes du royaume de Dieu, nous manifestons notre espérance par notre propre existence, malgré toutes ses limites. Mais une double ressource nous a été promise : nous voilà équipés par « un langage et une sagesse » librement donnés et reçus. Il ne s'agit pas seulement d'être capables de rendre compte de notre espérance. Nous pouvons aussi communiquer avec les autres sagesses qui structurent notre humanité. Place des « pauvres », collaboration évangélique et dialogue des sagesses peuvent nous aider à discerner les signes du Royaume.

Comment témoigner aujourd'hui de notre espérance ?

Avec quel geste vais-je m'associer au jubilé des pauvres ? ■

Prions en Église Junior

LIRE L'ÉVANGILE AVEC LES ENFANTS

CE QUE JE DÉCOUVRE

Parfois on peut avoir peur, être inquiet… On se demande si Dieu va nous aider. Dans cet évangile, **Jésus nous invite à ne pas nous décourager.** Même si croire en Dieu ne nous protège pas des difficultés, **Jésus dit qu'il ne nous abandonnera jamais : « Pas un cheveu de votre tête ne sera perdu. »** Avec cette drôle de phrase, il veut dire qu'aux yeux de Dieu, nous sommes précieux des pieds à la tête et que son amour sera toujours là pour nous sauver.

CE QUE JE VIS

Face à quelles difficultés perds-tu parfois courage ?
À qui parles-tu de tes peurs ou de tes inquiétudes ?
Tu peux écrire tes peurs sur un papier, puis les confier à Jésus.

Texte : Patricia Metzger. Illustrations : Marcelino Truong

16 - 22

MÉDITATION BIBLIQUE
33E DIMANCHE DU TEMPS ORDINAIRE
Livre du prophète Malachie 3, 19-20a

Consumés et guéris

La lumière de Dieu ne nous rend pas transparents, mais plus clairs.

Le temps de la préparation

« Que résonnent la mer et sa richesse, le monde et tous ses habitants; que les fleuves battent des mains, que les montagnes chantent leur joie, à la face du Seigneur, car il vient pour gouverner la terre, pour gouverner le monde avec justice et les peuples avec droiture ! » (Ps 97, 7-9)

Le temps de l'observation

Le « jour du Seigneur » est un moment de dévoilement aux effets très différents : les arrogants seront réduits en cendres, ceux qui craignent le Nom de Dieu seront guéris. Plusieurs constats s'imposent. Le premier est qu'il n'y a pas deux dieux : un qui tranche et l'autre qui unifie, c'est le même Dieu qui, en se révélant, produit des effets variables selon les personnes. On peut penser que sa révélation est guérison pour tous mais que les effets sont distincts selon les personnes qui sont touchées. Comme si le dévoilement de Dieu en disait plus sur la personne que sur

Dieu lui-même. L'autre constat est qu'il n'est pas question de méchants et de gentils mais d'attitudes relationnelles : les uns sont méprisants, les autres remplis d'humilité. Le « jour du Seigneur » est ce moment où l'action de Dieu consume en l'humain tout ce qui en lui n'est pas tourné vers la confiance et l'abondance reçue.

Le temps de la méditation

Il y a fort à parier que si nous étions aujourd'hui ce que le texte appelle « le jour du Seigneur », nous serions à la fois profondément consumés et profondément guéris. Heureusement pour nous, Dieu fait dans la subtilité. Nous portons en nous l'arrogance et l'humilité, dans des proportions variées selon les jours, les états d'esprit, les sujets, les personnes rencontrées, nos ambitions, notre personnalité, notre histoire. La rencontre avec Dieu met en lumière nos profondeurs et tout devient clair et au grand jour. Renoncer au mépris et à la supériorité consiste dès à présent à se séparer du poids des branches déjà mortes. Avoir confiance en l'amour de Dieu nous refait passer du côté de l'humilité et de l'amour reçu, du côté de la guérison. Honorer le vivant, être dans la gratitude, préserver un relationnel qui prend soin de soi et des autres, tout cela participe à nous rapprocher de l'accueil de Dieu dans nos vies.

Le temps de la prière

« Chantez au Seigneur
un chant nouveau, car il a fait
des merveilles ; par son bras
très saint, par sa main puissante,
il s'est assuré la victoire. »
(Ps 97, 1) ■

Marie-Laure Durand,
bibliste

PARTAGE BIBLIQUE

Environ 45 minutes

Une bible ou Prions en Église, *page 119*

LE JOUR DU SEIGNEUR (ML 3,19-20A)

Lire

Alors que l'année liturgique s'achève bientôt, relisons cette annonce de la venue du jour du Seigneur.

Comprendre le texte

Malachie rapporte la désillusion qui a suivi le retour d'exil des rapatriés : les promesses des prophètes Aggée et Zacharie ne se réalisent pas, la situation économique est désastreuse, à quoi bon servir Dieu ! Les arrogants qui mettent Dieu à l'épreuve prospèrent et ne sont pas punis. Comment ne pas déplorer la passivité de Dieu ? Le Seigneur répond en annonçant la venue de son jour. Un livre consigne les bonnes actions de ceux qui craignent le Seigneur. Dieu se montrera plein d'indulgence à leur égard. En revanche, les arrogants seront de la paille que le feu consumera, tandis que le soleil de justice se lèvera et apportera la guérison dans son rayonnement. Durant la période où les Juifs sont sous la souveraineté des rois perses, la présence de prophètes se fait rare. Les promesses des anciens prophètes non accomplies sont projetées dans l'avenir, attendues pour le « jour du Seigneur ». L'attente des derniers temps prend la relève des prophètes.

Partager

- Quels effets produisent sur ma foi les prédictions de la fin du monde ?
- Quel sens revêtent les prophéties bibliques ?
- Qu'est-ce que j'attends de la justice des hommes ? de Dieu ?
- Le silence de Dieu face aux malheurs du temps ébranle-t-il ma foi ?

Prier

Nous méditons l'hymne *Tu es venu, Seigneur* (P530). ■

Sylvain Gasser,
prêtre assomptionniste

LUNDI 17 NOVEMBRE 2025

33E SEMAINE DU TEMPS ORDINAIRE COULEUR LITURGIQUE : BLANC

Sainte Élisabeth de Hongrie

1207-1231. Veuve à 20 ans après un mariage très heureux avec le duc de Thuringe, elle consacra le reste de sa vie à la prière et à la charité auprès des malades.

Antienne d'ouverture

Venez, les bénis de mon Père, dit le Seigneur.
J'étais malade, et vous m'avez visité.
Amen, je vous le dis :
chaque fois que vous l'avez fait
à l'un de ces plus petits de mes frères,
c'est à moi que vous l'avez fait.

(cf. Mt 25, 34.36.40)

OU

À pleines mains, il donne au pauvre ;
à jamais se maintiendra sa justice,
sa puissance grandira, et sa gloire.

(Ps 111, 9)

Prière

Seigneur Dieu, tu as donné à sainte Élisabeth de Hongrie de reconnaître et de vénérer le Christ dans les pauvres ; accorde-nous, à son intercession, de servir avec une inépuisable charité ceux qui sont dans le besoin et dans l'épreuve. Par Jésus… — ***Amen.***

Lecture

du premier livre des Martyrs d'Israël (1, 10-15.41-43.54-57.62-64)

« C'est ainsi que s'abattit sur Israël une grande colère »

En ces jours-là, de la descendance des successeurs d'Alexandre le Grand surgit un homme de péché, Antiocos Épiphane, fils du roi Antiocos le Grand. Il avait séjourné à Rome comme otage, et il devint roi en l'année 137 de l'empire grec. À cette époque, surgirent en Israël des hommes infidèles à la Loi, et ils séduisirent beaucoup de gens, car ils disaient : « Allons, faisons alliance avec les nations qui nous entourent. En effet, depuis que nous avons rompu avec elles, il nous est arrivé beaucoup de malheurs. » Ce langage parut judicieux, et quelques-uns, dans le peuple, s'empressèrent d'aller trouver le roi. Celui-ci leur permit d'adopter les usages des nations. Ils construisirent un gymnase à Jérusalem, selon la coutume des nations ; ils effacèrent les traces de leur circoncision, renièrent l'Alliance sainte, s'associèrent aux gens des nations, et se vendirent pour faire le mal. Le roi Antiocos prescrivit à tous les habitants de son royaume de ne faire désormais qu'un seul peuple*, et d'abandonner leurs coutumes particulières. Toutes les nations païennes se conformèrent à cet ordre. En Israël, beaucoup suivirent volontiers la religion du roi, offrirent des sacrifices aux idoles, et profanèrent le sabbat. Le quinzième jour du neuvième mois, en l'année 145, Antiocos éleva sur l'autel des sacrifices l'Abomination de la désolation, et, dans les villes de Juda autour de Jérusalem, ses partisans élevèrent des autels païens. Ils brûlèrent de l'encens aux portes des maisons et sur les places. Tous les

livres de la Loi qu'ils découvraient, ils les jetaient au feu après les avoir lacérés. Si l'on découvrait chez quelqu'un un livre de l'Alliance, si quelqu'un se conformait à la Loi, le décret du roi le faisait mettre à mort.
Cependant, beaucoup en Israël résistèrent et eurent le courage de ne manger aucun aliment impur. Ils acceptèrent de mourir pour ne pas être souillés par ce qu'ils mangeaient, et pour ne pas profaner l'Alliance sainte ; et de fait, ils moururent. C'est ainsi que s'abattit sur Israël une grande colère.
– Parole du Seigneur.

Psaume 118 (119)

℟ ***Fais-moi vivre, Seigneur, que je garde ta loi.***

Face aux impies, la fureur me prend,
car ils abandonnent ta loi.
Les pièges de l'impie m'environnent,
je n'oublie pas ta loi. ℟

Rachète-moi de l'oppression des hommes,
que j'observe tes préceptes.

Ceux qui poursuivent le mal s'approchent,
ils s'éloignent de ta loi. ℟

Le salut s'éloigne des impies
qui ne cherchent pas tes commandements.
J'ai vu les renégats : ils me répugnent,
car ils ignorent ta promesse. ℟

Acclamation de l'Évangile

Alléluia. Alléluia. Moi, je suis la lumière du monde, dit le Seigneur. Celui qui me suit aura la lumière de la vie. ***Alléluia.***

Évangile de Jésus Christ

selon saint Luc (18, 35-43)

« Que veux-tu que je fasse pour toi ?
– Seigneur, que je retrouve la vue »

Alors que Jésus approchait de Jéricho, un aveugle mendiait, assis au bord de la route. Entendant la foule passer devant lui, il s'informa de ce qu'il y avait. On lui apprit que c'était Jésus le Nazaréen qui passait. Il s'écria : « Jésus, fils de David, prends pitié de moi ! » Ceux qui marchaient en tête le rabrouaient pour le faire taire. Mais lui criait de plus belle : « Fils de David, prends pitié de moi ! » Jésus s'arrêta et il ordonna qu'on le lui amène. Quand il se fut approché, Jésus lui demanda : « Que veux-tu que je fasse pour toi ? » Il répondit : « Seigneur, que je retrouve la vue. » Et Jésus lui dit : « Retrouve la vue ! Ta foi t'a sauvé. » À l'instant même, il retrouva la vue, et il suivait Jésus en rendant gloire à Dieu. Et tout le peuple, voyant cela, adressa une louange à Dieu.

Prière sur les offrandes

Accueille, Seigneur, les dons offerts par ton peuple ; et puisque nous rappelons l'œuvre d'amour infini accomplie par ton Fils, donne-nous, à l'exemple de sainte Élisabeth de Hongrie, d'être affermis dans notre amour pour toi et pour le prochain. Par le Christ, notre Seigneur. **— *Amen.***

Antienne de la communion

Il n'y a pas de plus grand amour
que de donner sa vie pour ses amis,
dit le Seigneur.
(cf. Jn 15, 13)

OU

À ceci, tous reconnaîtront
que vous êtes mes disciples :
si vous avez de l'amour
les uns pour les autres,
dit le Seigneur.
(cf. Jn 13, 35)

Prière après la communion

Tu as refait nos forces, Seigneur, par tes saints mystères, et nous te prions : donne-nous de suivre les exemples de sainte Élisabeth de Hongrie, qui te manifesta un attachement indéfectible, et servit ton peuple avec une charité sans limite. Par le Christ, notre Seigneur.
— *Amen.*

OU

Nourris et comblés de ce sacrement du salut, nous implorons ta bonté, Seigneur : fais qu'en pratiquant la charité à l'imitation de sainte Élisabeth de Hongrie, nous ayons aussi part à sa gloire. Par le Christ, notre Seigneur.
— *Amen.*

INVITATION

À l'exemple de sainte Élisabeth de Hongrie, je peux consacrer du temps, de l'amitié, de l'argent, aux personnes les plus pauvres.

COMMENTAIRE

Face à face Luc 18, 35-43

Jésus nous rejoint au cœur de notre chemin, avec nos blessures, nos combats quotidiens. Il pose sur nous un regard d'amour et attend notre cri. Prenons le temps de l'écouter et de lui répondre. Osons lui parler cœur à cœur, lui dire ce qui pèse. Dans l'humilité, accueillons sa main tendue : il veut nous relever et transformer nos vies si nous lui faisons confiance. ■ ***Jean-Paul Musangania,*** *prêtre assomptionniste*

❊ CLÉ DE LECTURE

« Ne faire qu'un seul peuple » 1 Martyrs d'Israël 1, 41 *(p. 135)*

Le roi grec Antiochus IV (175-164 av. J.-C.) mène une politique d'hellénisation forcée à Jérusalem. L'éducation grecque séduit bien des jeunes juifs ; elle s'impose aussi par la terreur ! Mais elle exige l'effacement des marques religieuses et des « coutumes particulières », elle abolit la Loi et ses observances et généralise un culte idolâtre. Devant l'abandon de la Loi, des Juifs fidèles résistent. La volonté d'uniformisation culturelle est une utopie dangereuse ; le texte évoque l'histoire de Babel. La richesse de l'humanité est liée à sa diversité ; ne pas la respecter, c'est risquer de faire disparaître le meilleur d'elle-même. La différence juive permet, d'âge en âge, de sauver la foi au Dieu unique et les règles éthiques encadrées par la Loi. ■

Roselyne Dupont-Roc, *bibliste*

MARDI 18 NOVEMBRE 2025

33E SEMAINE DU TEMPS ORDINAIRE COULEUR LITURGIQUE : VERT

Temps ordinaire, *suggestion d'oraisons et d'antiennes n° 18*
ou **dédicace des basiliques de Saint-Pierre et de Saint-Paul**

Antienne d'ouverture

Dieu, viens à mon aide, Seigneur, viens vite à mon secours.
Tu es mon secours, mon libérateur, Seigneur, ne tarde pas ! (cf. Ps 69, 2.6)

Prière

Sois proche, Seigneur, de ceux qui te servent et montre à ceux qui t'implorent ton éternelle bonté ; c'est leur fierté d'avoir en toi leur Créateur et leur Guide : restaure pour eux ta création, et l'ayant renouvelée, protège-la. Par Jésus…

— Amen.

Lecture

du deuxième livre des Martyrs d'Israël (6, 18-31)

« En choisissant de mourir pour nos vénérables et saintes lois, j'aurai laissé le noble exemple d'une belle mort »

En ces jours-là, Éléazar était l'un des scribes les plus éminents. C'était un homme très âgé, et de très belle allure. On voulut l'obliger à manger du porc en lui ouvrant la bouche de force. Préférant avoir une mort prestigieuse plutôt qu'une vie abjecte, il marchait de son plein gré vers l'instrument du supplice, après avoir recraché cette viande, comme on doit le faire quand on a le courage de rejeter ce qu'il n'est pas permis de manger, même par amour de la vie. Ceux qui étaient chargés de ce repas sacrilège le connaissaient de longue date. Ils le prirent à part et lui conseillèrent de faire apporter des viandes dont l'usage était permis, et qu'il aurait préparées lui-même. Il n'aurait qu'à faire semblant de manger les chairs de la victime pour obéir au roi; en agissant ainsi, il échapperait à la mort et serait traité avec humanité grâce à la vieille amitié qu'il avait pour eux. Mais il fit un beau raisonnement, bien digne de son âge, du rang que lui donnait sa vieillesse, du respect que lui valaient ses cheveux blancs, de sa conduite irréprochable depuis l'enfance, et surtout digne de la législation sainte établie par Dieu. Il s'exprima en conséquence, demandant qu'on l'envoyât sans tarder au séjour des morts : « Une telle comédie est indigne de mon âge. Car beaucoup de jeunes gens croiraient qu'Éléazar, à 90 ans, adopte la manière de vivre des étrangers. À cause de cette comédie, par ma faute, ils se laisseraient égarer eux aussi; et moi, pour un misérable reste de vie, j'attirerais sur ma vieillesse la honte et le déshonneur. Même si j'évite, pour le moment, le châtiment qui vient des hommes, je n'échapperai pas, vivant ou mort, aux mains du Tout-Puissant. C'est pourquoi, en quittant aujourd'hui la vie avec courage, je me montrerai digne de ma vieillesse et, en choisissant de mourir avec détermination et noblesse pour nos vénérables et saintes lois, j'aurai laissé aux jeunes gens le noble exemple d'une belle mort. » Sur ces mots, il alla tout droit au supplice.

Pour ceux qui le conduisaient, ces propos étaient de la folie; c'est pourquoi ils passèrent subitement de la bienveillance à l'hostilité. Quant à lui, au moment de mourir sous les coups, il dit en gémissant : « Le Seigneur, dans sa science sainte, le voit bien : alors que je pouvais échapper à la mort, j'endure sous le fouet des douleurs qui font souffrir mon corps ; mais dans mon âme je les supporte avec joie, parce que je crains Dieu. » Telle fut la mort de cet homme. Il laissa ainsi, non seulement à la jeunesse mais à l'ensemble de son peuple, un exemple de noblesse et un mémorial de vertu. – Parole du Seigneur.

Psaume 3

℟ ***Le Seigneur est mon soutien !***

Seigneur, qu'ils sont nombreux
  mes adversaires,
nombreux à se lever contre moi,
nombreux à déclarer à mon sujet :
« Pour lui, pas de salut auprès de Dieu ! » ℟

Mais toi, Seigneur, mon bouclier,
ma gloire, tu tiens haute ma tête.
À pleine voix je crie vers le Seigneur ;
il me répond de sa montagne sainte. ℟

Et moi, je me couche et je dors ;
je m'éveille : le Seigneur est mon soutien.
Je ne crains pas ce peuple nombreux
qui me cerne et s'avance contre moi. ℟

Acclamation de l'Évangile

Alléluia. Alléluia. Dieu nous a aimés, il a envoyé son Fils comme pardon pour nos péchés. ***Alléluia.***

Évangile de Jésus Christ

selon saint Luc (19, 1-10)

« Le Fils de l'homme est venu chercher et sauver ce qui était perdu »

En ce temps-là, entré dans la ville de Jéricho, Jésus la traversait. Or, il y avait un homme du nom de Zachée ; il était le chef des collecteurs d'impôts, et c'était quelqu'un de riche. Il cherchait à voir qui était Jésus, mais il ne le pouvait pas à cause de la foule, car il était de petite taille. Il courut donc en avant et grimpa sur un sycomore pour voir Jésus qui allait passer par là. Arrivé à cet endroit, Jésus leva les yeux et lui dit : « Zachée, descends vite : aujourd'hui il faut que j'aille demeurer dans ta maison. » Vite, il descendit et reçut Jésus avec joie. Voyant cela, tous récriminaient : « Il est allé loger chez un homme qui est un pécheur. » Zachée, debout, s'adressa au Seigneur : « Voici, Seigneur : je fais don aux pauvres de la moitié de mes biens, et si j'ai fait du tort à quelqu'un, je vais lui rendre quatre fois plus. » Alors Jésus dit à son sujet : « Aujourd'hui*, le salut est arrivé pour cette maison, car lui aussi est un fils d'Abraham. En effet, le Fils de l'homme est venu chercher et sauver ce qui était perdu. »

Prière sur les offrandes

Dans ta bonté, sanctifie ces dons, nous t'en prions, Seigneur ; accepte le sacrifice spirituel que nous t'offrons, et fais de nous-mêmes une éternelle offrande pour toi. Par le Christ, notre Seigneur. — ***Amen.***

Antienne de la communion

Tu nous as donné, Seigneur,
le pain venu du ciel,
pain aux multiples saveurs
qui comble tous les goûts.
(Sg 16, 20)

OU

Je suis le pain de la vie,
dit le Seigneur, celui qui vient à moi
n'aura jamais faim, celui qui croit
en moi n'aura jamais soif.
(Jn 6, 35)

Prière après la communion

Seigneur, entoure d'une constante protection ceux que tu as renouvelés par le don du ciel ; puisque tu ne cesses de les réconforter, rends-les dignes de la rédemption éternelle. Par le Christ, notre Seigneur. — ***Amen.***

INVITATION

Comme Zachée, je peux décider de modifier quelque chose dans ma vie.
Que vais-je changer ?

COMMENTAIRE

En haut du sycomore Luc 19, 1-10

Le passage de Jésus pousse Zachée à grimper sur un sycomore pour le voir. Ce simple geste devient chemin de salut : Jésus l'appelle, entre chez lui, et sa vie change. Ainsi, Dieu vient à notre rencontre là où nous en sommes, malgré nos limites. Osons, comme Zachée, accueillir Jésus chez nous, dans notre quotidien. Il nous libère et nous invite à marcher avec lui, porteurs de joie et de réconciliation. ■

***Jean-Paul Musangania**, prêtre assomptionniste*

❊ CLÉ DE LECTURE

« Aujourd'hui » Luc 19, 10 *(p. 143)*

L'« aujourd'hui », dans l'évangile de Luc, balise l'itinéraire de Jésus de la naissance à la Croix : « Aujourd'hui, vous est né un Sauveur », chantent les anges (cf. Lc 2, 11) ; aujourd'hui, Jésus monte à Jérusalem ; aujourd'hui le salut entre chez Zachée ; « Aujourd'hui, dit Jésus au brigand crucifié, tu seras avec moi dans le Paradis » (cf. Lc 23, 43). Une affirmation forte : la présence de Jésus est déjà la réalité du salut au milieu des hommes, la réalité d'un amour qui accueille les plus méprisés et les plus détestables, d'un amour qui conduit à la Croix mais aussi à la vie nouvelle. À notre tour, nous n'avons pas tant à attendre un salut à venir qu'à reconnaître la présence de celui qui se tient à la porte et qui frappe, pour partager aujourd'hui notre vie et nous faire entrer dans sa joie. ■

***Roselyne Dupont-Roc**, bibliste*

MERCREDI 19 NOVEMBRE 2025

33E SEMAINE DU TEMPS ORDINAIRE COULEUR LITURGIQUE : VERT

Temps ordinaire, *suggestion d'oraisons et d'antiennes n° 19*

Antienne d'ouverture

Regarde vers ton Alliance,
Seigneur, ne délaisse pas sans fin l'âme
de tes pauvres. Lève-toi, Seigneur,
défends ta cause, n'oublie pas le cri
de ceux qui te cherchent. (cf. Ps 73, 20.19.22.23)

Prière

Dieu éternel et tout-puissant, comme l'enseigne l'Esprit Saint, nous pouvons déjà t'appeler du nom de Père ; fais grandir en nos cœurs l'esprit d'adoption filiale, afin que nous soyons capables d'entrer un jour dans l'héritage qui nous est promis. Par Jésus… ***— Amen.***

Lecture

du deuxième livre des Martyrs d'Israël (7, 1.20-31)

« Le Créateur du monde vous rendra l'esprit et la vie »

En ces jours-là, sept frères avaient été arrêtés avec leur mère. À coups de fouet et de nerf de bœuf, le roi Antiocos voulut les contraindre à manger du porc, viande interdite. Leur mère fut particulièrement admirable et digne d'une illustre mémoire : voyant mourir ses sept fils

dans l'espace d'un seul jour, elle le supporta vaillamment parce qu'elle avait mis son espérance dans le Seigneur. Elle exhortait chacun d'eux dans la langue de ses pères ; cette femme héroïque leur parlait avec un courage viril : « Je suis incapable de dire comment vous vous êtes formés dans mes entrailles. Ce n'est pas moi qui vous ai donné l'esprit et la vie, qui ai organisé les éléments dont chacun de vous est composé. C'est le Créateur du monde qui façonne l'enfant à l'origine, qui préside à l'origine de toute chose. Et c'est lui qui, dans sa miséricorde, vous rendra l'esprit et la vie, parce que, pour l'amour de ses lois, vous méprisez maintenant votre propre existence. »

Antiocos s'imagina qu'on le méprisait, et soupçonna que ce discours contenait des insultes. Il se mit à exhorter le plus jeune, le dernier survivant. Bien plus, il lui promettait avec serment de le rendre à la fois riche et très heureux s'il abandonnait les usages de ses pères : il en ferait son ami et lui confierait des fonctions publiques. Comme le jeune homme n'écoutait pas, le roi appela la mère, et il l'exhortait à conseiller l'adolescent pour le sauver.

Au bout de ces longues exhortations, elle consentit à persuader son fils. Elle se pencha vers lui, et lui parla dans la langue de ses pères, trompant ainsi le cruel tyran : « Mon fils, aie pitié de moi : je t'ai porté neuf mois dans mon sein, je t'ai allaité pendant trois ans, je t'ai nourri et élevé jusqu'à l'âge où tu es parvenu, j'ai pris soin de toi. Je t'en conjure, mon enfant, regarde le ciel et la terre avec tout ce qu'ils contiennent : sache que Dieu a fait tout cela de rien, et que la race des hommes est née de la même manière. Ne crains pas ce bourreau, montre-toi digne de

tes frères et accepte la mort, afin que je te retrouve avec eux au jour de la miséricorde. »
Lorsqu'elle eut fini de parler, le jeune homme déclara : « Qu'attendez-vous ? Je n'obéis pas à l'ordre du roi, mais j'écoute l'ordre de la Loi donnée à nos pères par Moïse. Et toi qui as inventé toutes sortes de mauvais traitements contre les Hébreux, tu n'échapperas pas à la main de Dieu. » – Parole du Seigneur.

Psaume 16 (17)

℟ ***Au réveil, je me rassasierai de ton visage, Seigneur.***

Seigneur, écoute la justice !
Entends ma plainte, accueille ma prière :
mes lèvres ne mentent pas.
Tes yeux verront où est le droit. ℟

J'ai tenu mes pas sur tes traces :
jamais mon pied n'a trébuché.
Je t'appelle, toi, le Dieu qui répond :
écoute-moi, entends ce que je dis. ℟

Garde-moi comme la prunelle de l'œil ;
à l'ombre de tes ailes, cache-moi.
Et moi, par ta justice, je verrai ta face :
au réveil, je me rassasierai de ton visage. ℟

Acclamation de l'Évangile

Alléluia. Alléluia. C'est moi qui vous ai choisis, afin que vous alliez, que vous portiez du fruit, et que votre fruit demeure, dit le Seigneur. ***Alléluia.***

Évangile de Jésus Christ
selon saint Luc (19, 11-28)

« Pourquoi n'as-tu pas mis mon argent à la banque ? »

En ce temps-là, comme on l'écoutait, Jésus ajouta une parabole : il était près de Jérusalem et ses auditeurs pensaient que le royaume de Dieu allait se manifester à l'instant même. Voici donc ce qu'il dit : « Un homme de la noblesse partit dans un pays lointain pour se faire donner la royauté et revenir ensuite. Il appela dix de ses serviteurs, et remit à chacun une somme de la valeur d'une mine ; puis il leur dit : “Pendant mon voyage, faites de bonnes affaires.” Mais ses concitoyens le détestaient, et ils envoyèrent derrière lui une délégation chargée de dire : “Nous ne voulons pas que cet homme règne sur nous.”

« Quand il fut de retour après avoir reçu la royauté, il fit convoquer les serviteurs auxquels il avait remis l'argent, afin de savoir ce que leurs affaires avaient rapporté. Le premier se présenta et dit : “Seigneur, la somme que tu m'avais remise a été multipliée par dix.” Le roi lui déclara : “Très bien, bon serviteur ! Puisque tu as été fidèle en si peu de chose, reçois l'autorité sur dix villes.” Le second vint dire : “La somme que tu m'avais remise, Seigneur, a été multipliée par cinq.” À celui-là encore, le roi dit : “Toi, de même, sois à la tête de cinq villes.” Le dernier vint dire : “Seigneur, voici la somme que tu m'avais remise ; je l'ai gardée enveloppée dans un linge. En effet, j'avais peur de toi, car tu es un homme exigeant, tu retires ce que tu n'as pas mis en dépôt, tu moissonnes ce que tu n'as pas semé.” Le roi lui déclara : “Je vais te juger sur tes paroles, serviteur mauvais : tu savais que je

suis un homme exigeant, que je retire ce que je n'ai pas mis en dépôt, que je moissonne ce que je n'ai pas semé; alors pourquoi n'as-tu pas mis mon argent à la banque ? À mon arrivée, je l'aurais repris avec les intérêts." Et le roi dit à ceux qui étaient là : "Retirez-lui cette somme et donnez-la à celui qui a dix fois plus." On lui dit : "Seigneur, il a dix fois plus ! – Je vous le déclare : on donnera à celui qui a; mais celui qui n'a rien se verra enlever même ce qu'il a. Quant à mes ennemis, ceux qui n'ont pas voulu que je règne sur eux, amenez-les ici et égorgez-les devant moi." »
Après avoir ainsi parlé, Jésus partit en avant pour monter à Jérusalem.

Prière sur les offrandes

Accueille favorablement, Seigneur, ces présents que, dans ta miséricorde, tu as donnés à ton Église pour qu'elle puisse te les offrir ; fais qu'ils deviennent, par ta puissance, le sacrement de notre salut. Par le Christ, notre Seigneur. **—*Amen.***

Antienne de la communion

Glorifie le Seigneur, Jérusalem :
de la fleur du froment, il te rassasie.
(cf. Ps 147, 12.14)

OU

Le pain que je donnerai,
c'est ma chair, donnée pour la vie
du monde, dit le Seigneur.
(Jn 6, 51)

Prière après la communion
Que cette communion à ton sacrement, Seigneur, nous procure le salut et qu'elle nous affermisse dans la lumière de ta vérité. Par le Christ, notre Seigneur. — ***Amen.***

INVITATION

Jésus insiste dans sa parabole sur l'importance d'être fidèle à ses engagements, grands et petits. Quelle est ma fidélité ?

COMMENTAIRE

Notre travail quotidien

Luc 19, 11-28

Dieu nous confie des talents pour que nous les fassions grandir, non pour les enterrer par peur ou par manque de confiance. De fait, la foi nous pousse à oser, à risquer, à agir. Même petits, nos gestes portent du fruit quand ils sont offerts avec amour. Refuser d'agir, c'est oublier que Dieu croit en nous. Travaillons avec foi et persévérance : le Royaume grandit aussi par nos efforts quotidiens. ■

Jean-Paul Musangania*, prêtre assomptionniste*

JEUDI 20 NOVEMBRE 2025

33E SEMAINE DU TEMPS ORDINAIRE COULEUR LITURGIQUE : VERT

Temps ordinaire, *suggestion d'oraisons et d'antiennes n° 20*

Antienne d'ouverture

Dieu, notre protecteur, regarde :
vois le visage de ton Christ ;
un jour dans tes parvis en vaut plus que mille.
(cf. Ps 83, 10-11)

Prière

Pour ceux qui t'aiment, Seigneur Dieu, tu as préparé des biens que l'œil ne peut voir : répands en nos cœurs la ferveur de ta charité, afin que t'aimant en toute chose et par-dessus tout, nous obtenions de toi l'héritage promis qui surpasse tout désir. Par Jésus… — ***Amen.***

Lecture

du premier livre des Martyrs d'Israël (2, 15-29)

« Nous suivrons l'Alliance de nos pères »

En ces jours-là, les hommes envoyés par le roi Antiocos pour contraindre les gens à l'apostasie arrivèrent dans la ville de Modine pour y organiser des sacrifices. Beaucoup en Israël allèrent à eux ; Mattathias et ses fils vinrent à la réunion. Les envoyés du roi prirent la parole pour dire à Mattathias : « Tu es un chef honoré et puissant dans cette ville,

soutenu par des fils et des frères. Avance donc le premier, et exécute l'ordre du roi, comme l'ont fait toutes les nations, les hommes de Juda et ceux qui sont restés à Jérusalem. Alors, toi et tes fils, vous serez les amis du roi. Toi et tes fils, vous serez comblés d'argent, d'or et de cadeaux nombreux. » Mattathias répondit d'une voix forte : « Toutes les nations qui appartiennent aux États du roi peuvent bien lui obéir en rejetant chacune la religion de ses pères, et se conformer à ses commandements ; mais moi, mes fils et mes frères, nous suivrons l'Alliance de nos pères. Que le Ciel nous préserve d'abandonner la Loi et ses préceptes ! Nous n'obéirons pas aux ordres du roi, nous ne dévierons pas de notre religion, ni à droite ni à gauche. »
Dès qu'il eut fini de prononcer ces paroles, un Juif s'avança en présence de tout le monde pour offrir le sacrifice, selon l'ordre du roi, sur cet autel de Modine. À cette vue, Mattathias s'enflamma d'indignation et frémit jusqu'au fond de lui-même ; il laissa monter en lui une légitime colère, courut à l'homme et l'égorgea sur l'autel. Quant à l'envoyé du roi, qui voulait contraindre à offrir le sacrifice, Mattathias le tua à l'instant même, et il renversa l'autel. Il s'enflamma d'ardeur pour la Loi comme jadis Pinhas* contre Zimri. Alors Mattathias se mit à crier d'une voix forte à travers la ville : « Ceux qui sont enflammés d'une ardeur jalouse pour la Loi, et qui soutiennent l'Alliance, qu'ils sortent tous de la ville à ma suite. » Il s'enfuit dans la montagne avec ses fils, en abandonnant tout ce qu'ils avaient dans la ville. Alors, beaucoup de ceux qui recherchaient la justice et la Loi s'en allèrent vivre au désert.
– Parole du Seigneur.

Psaume 49 (50)

℟ ***À celui qui veille sur sa conduite, je ferai voir le salut de Dieu.***

Le Dieu des dieux, le Seigneur,
parle et convoque la terre
du soleil levant jusqu'au soleil couchant.
De Sion, belle entre toutes,
Dieu resplendit. ℟

« Assemblez, devant moi, mes fidèles,
eux qui scellent d'un sacrifice mon alliance.
Et les cieux proclament sa justice :
oui, le juge, c'est Dieu ! ℟

« Offre à Dieu le sacrifice
d'action de grâce,
accomplis tes vœux envers le Très-Haut.
Invoque-moi au jour de détresse :
je te délivrerai, et tu me rendras gloire. » ℟

Acclamation de l'Évangile

Alléluia. Alléluia. Aujourd'hui, ne fermez pas votre cœur, mais écoutez la voix du Seigneur. ***Alléluia.***

Évangile de Jésus Christ

selon saint Luc (19, 41-44)

« Ah ! si toi aussi, tu avais reconnu en ce jour ce qui donne la paix ! »

En ce temps-là, lorsque Jésus fut près de Jérusalem, voyant la ville, il pleura sur elle, en disant : « Ah ! si toi aussi, tu avais reconnu en ce jour ce qui donne la paix ! Mais maintenant cela est resté caché à tes yeux. Oui, viendront pour toi des jours où tes ennemis construiront des ouvrages de siège contre toi, t'encercleront et te presseront de tous côtés ; ils t'anéantiront, toi et tes enfants qui sont chez toi, et ils ne laisseront pas chez toi pierre sur pierre, parce que tu n'as pas reconnu le moment où Dieu te visitait. »

Prière sur les offrandes

Accueille, Seigneur, ce que nous présentons pour cette eucharistie où s'accomplit un admirable échange : en offrant ce que tu nous as donné, puissions-nous te recevoir toi-même. Par le Christ, notre Seigneur. – ***Amen.***

Antienne de la communion

Oui, près du Seigneur
est la miséricorde ;
près de lui abonde le rachat.
(cf. Ps 129, 7)

OU

Je suis le pain vivant,
qui est descendu du ciel,
dit le Seigneur ; si quelqu'un mange
de ce pain, il vivra éternellement.
(Jn 6, 51)

Prière après la communion

Par ces sacrements, Seigneur, tu nous as unis au Christ, et nous implorons humblement ta bonté : sur la terre, transforme-nous à son image, pour que nous puissions partager sa vie dans le ciel. Lui qui… – ***Amen.***

INVITATION

Dans la détresse, j'invoque le Seigneur, comme m'y invite le psaume.

COMMENTAIRE

Jésus pleure Luc 19, 41-44

En pleurant sur Jérusalem, Jésus exprime la douleur de Dieu face au refus de sa paix. Cette ville, c'est aussi notre cœur, notre foyer, notre communauté chrétienne. Lui ouvrons-nous la porte de nos journées, de nos décisions, de nos relations ? Pleure-t-il encore sur nos résistances ? Ou se réjouit-il de notre accueil ? Offrons-lui toute notre vie, pour que sa paix rayonne en nous et autour de nous. ■

Jean-Paul Musangania, prêtre assomptionniste

✲ CLÉ DE LECTURE

« Pinhas » 1 Martyrs 2, 26 *(p. 153)*

Ce texte offre un bel exemple de fidélité créative dans la tradition juive. Le refus de Mattathias d'obéir aux ordres odieux du roi grec judéophobe le conduit à tuer l'envoyé du roi. En cela, il imite Pinhas et reproduit le geste de ce prêtre qui avait tué un Israélite coupable de frayer avec une femme madianite idolâtre (cf. Nb 25, 6-15). Le livre des Nombres insiste sur le « zèle jaloux » de Pinhas, qui s'était fait l'instrument de la « jalousie » de Dieu. En grec, comme en hébreu, le terme désigne l'amour exclusif de Dieu pour son peuple et l'exigence de fidélité qui en découle. Mais si ce geste violent illustre l'héroïsme de la fidélité à Dieu au milieu des persécutions, le lecteur se demande, perplexe, jusqu'où il peut devenir un modèle exemplaire. ■

Roselyne Dupont-Roc, bibliste

VENDREDI 21 NOVEMBRE 2025

COULEUR LITURGIQUE : BLANC

Présentation de la bienheureuse Vierge Marie

L'Église d'Orient a célébré dès le VIe siècle cette fête où Joachim et Anne présentent au Temple la jeune Marie. La liturgie souligne aujourd'hui que Marie est elle-même le Temple du Très-Haut par sa qualité de Mère de Jésus, notre Seigneur.

Antienne d'ouverture

Nous te saluons, Mère très sainte : tu as mis au monde le Roi qui gouverne le ciel et la terre pour les siècles sans fin.

Prière

Puisque nous célébrons la glorieuse mémoire de la très sainte Vierge Marie, nous t'en prions, Seigneur, accorde-nous, à son intercession, d'avoir part, nous aussi, à la plénitude de ta grâce. Par Jésus… ***— Amen.***

Lectures propres à la mémoire de la Présentation de la bienheureuse Vierge Marie.

16 - 22

Lecture

du livre de Zacharie (2, 14-17)

« Réjouis-toi, fille de Sion, voici que je viens »

Chante et réjouis-toi, fille de Sion; voici que je viens, j'habiterai au milieu de toi – oracle du Seigneur. Ce jour-là, des nations nombreuses s'attacheront au Seigneur; elles seront pour moi un peuple, et j'habiterai au milieu de toi. Alors tu sauras que le Seigneur de l'univers m'a envoyé vers toi. Le Seigneur prendra possession de Juda, son domaine sur la terre sainte; il choisira de nouveau Jérusalem. Que tout être de chair fasse silence devant le Seigneur, car il se réveille et sort de sa Demeure sainte. – Parole du Seigneur.

Cantique Luc 1, 46b-47, 48-49, 50-51, 52-53, 54-55

℟ ***Le Puissant fit pour moi des merveilles; Saint est son nom!***

OU

Heureuse Vierge Marie qui portas en toi le Fils du Père éternel!

Mon âme exalte le Seigneur,
exulte mon esprit en Dieu, mon Sauveur! ℟

Il s'est penché sur son humble servante;
désormais tous les âges
me diront bienheureuse.
Le Puissant fit pour moi des merveilles;
Saint est son nom! ℟

Sa miséricorde s'étend d'âge en âge
sur ceux qui le craignent.
Déployant la force de son bras,
il disperse les superbes. ℟

Il renverse les puissants de leurs trônes,
il élève les humbles.
Il comble de biens les affamés,
renvoie les riches les mains vides. ℟

Il relève Israël son serviteur,
il se souvient de son amour,
de la promesse faite à nos pères,
en faveur d'Abraham
et sa descendance à jamais. ℟

Acclamation de l'Évangile

Alléluia. Alléluia. Heureux ceux qui écoutent la parole de Dieu, et qui la gardent!
Alléluia.

Évangile de Jésus Christ

selon saint Matthieu (12, 46-50)

« Étendant la main vers ses disciples, il dit : "Voici ma mère et mes frères" »

En ce temps-là, comme Jésus parlait encore aux foules, voici que sa mère et ses frères se tenaient au-dehors, cherchant à lui parler. Quelqu'un lui dit : « Ta mère et tes frères sont là, dehors, qui cherchent à te parler. » Jésus lui répondit : « Qui est ma mère, et qui sont mes frères ? » Puis, étendant la main vers ses disciples, il dit : « Voici ma mère et mes frères. Car celui qui fait la volonté de mon Père qui est aux cieux, celui-là est pour moi un frère, une sœur, une mère. »

Prière sur les offrandes

Nous t'en prions, Seigneur, accueille les supplications de ton peuple quand il te présente ce sacrifice ; fais qu'à l'intercession de la bienheureuse Marie, Mère de ton Fils, nulle attente ne soit déçue, nulle demande ne reste sans réponse. Par le Christ, notre Seigneur. ***— Amen.***

OU

Dans son amour pour l'humanité, que ton Fils unique vienne à notre secours, Seigneur ; sa naissance n'a pas altéré mais consacré l'intégrité virginale de sa mère ; qu'il nous délivre de nos péchés et te rende agréable cette offrande. Lui qui… ***— Amen.***

Préface de la Vierge Marie, p. 240.

Antienne de la communion

Heureuse la Vierge Marie,
qui a porté dans son sein
le Fils du Père éternel.
(cf. Lc 11, 27)

Prière après la communion

En communiant aux sacrements du ciel, nous implorons ta bonté, Seigneur : puisque nous avons la joie de faire mémoire de la bienheureuse Vierge Marie, rends-nous capables de nous mettre, à son imitation, au service du mystère de notre rédemption. Par le Christ, notre Seigneur. — ***Amen.***

INVITATION

Je peux prier le chapelet de Lourdes en direct à 15 h 30 sur le site internet du sanctuaire de Lourdes ou en le suivant dans les médias.

COMMENTAIRE

En famille

Matthieu 12, 46-50

Jésus bouscule nos certitudes en élargissant sa famille à ceux qui écoutent et mettent sa parole en pratique. Cet évangile nous interpelle : sommes-nous dedans ou dehors ? Être de sa famille, c'est accueillir les grâces des sacrements, reconnaître ceux que Dieu place sur notre chemin pour nous guider. C'est une fraternité universelle qui nous engage chaque jour à choisir Dieu dans nos paroles et nos actes. ■

***Jean-Paul Musangania**, prêtre assomptionniste*

exterminer les habitants de la Judée sans aucun motif. Je reconnais que tous mes malheurs viennent de là, et voici que je meurs dans un profond chagrin sur une terre étrangère. »
– Parole du Seigneur.

Psaume 9A

℟ ***J'exulterai de joie pour ta victoire, Seigneur.***

De tout mon cœur, Seigneur, je rendrai grâce,
je dirai tes innombrables merveilles ;
pour toi, j'exulterai, je danserai,
je fêterai ton nom, Dieu Très-Haut. ℟

Mes ennemis ont battu en retraite,
devant ta face, ils s'écroulent et périssent.
Tu menaces les nations,
tu fais périr les méchants,
à tout jamais tu effaces leur nom. ℟

Ils sont tombés, les païens,
dans la fosse qu'ils creusaient ;
aux filets qu'ils ont tendus,
leurs pieds se sont pris.
Mais le pauvre
n'est pas oublié pour toujours :
jamais ne périt l'espoir des malheureux. ℟

Acclamation de l'Évangile

Alléluia. Alléluia. Notre Sauveur, le Christ Jésus, a détruit la mort ; il a fait resplendir la vie par l'Évangile. ***Alléluia.***

Évangile de Jésus Christ

selon saint Luc (20, 27-40)

« Il n'est pas le Dieu des morts, mais des vivants »

En ce temps-là, quelques sadducéens – ceux qui soutiennent qu'il n'y a pas de résurrection – s'approchèrent de Jésus et l'interrogèrent : « Maître, Moïse nous a prescrit : *Si un homme a un frère qui meurt en laissant une épouse mais pas d'enfant, il doit épouser la veuve pour susciter une descendance à son frère.* Or, il y avait sept frères : le premier se maria et mourut sans enfant ; de même le deuxième, puis le troisième épousèrent la veuve, et ainsi tous les sept : ils moururent sans laisser d'enfants. Finalement la femme mourut aussi. Eh bien, à la résurrection, cette femme-là, duquel d'entre eux sera-t-elle l'épouse, puisque les sept l'ont eue pour épouse ? » Jésus leur répondit : « Les enfants de ce monde prennent femme et mari. Mais ceux qui ont été jugés dignes d'avoir part au monde à venir et à la résurrection d'entre les morts ne prennent ni femme ni mari, car ils ne peuvent plus mourir : ils sont semblables aux anges, ils sont enfants de Dieu et enfants de la résurrection. Que les morts ressuscitent, Moïse lui-même le fait comprendre dans le récit du buisson ardent, quand il appelle le Seigneur *le Dieu d'Abraham, Dieu d'Isaac, Dieu de Jacob.* Il n'est pas le Dieu des morts, mais des vivants. Tous, en effet, vivent pour lui. » Alors certains scribes prirent la parole pour dire : « Maître, tu as bien parlé. » Et ils n'osaient plus l'interroger sur quoi que ce soit.

Prière sur les offrandes

Seigneur, nous te présentons ces offrandes en célébrant sainte Cécile : accepte-les avec bienveillance, nous t'en prions, comme tu as accueilli le combat de son martyre. Par le Christ, notre Seigneur. – ***Amen.***

Antienne de la communion

L'Agneau qui se tient au milieu du Trône les conduira aux sources des eaux de la vie.
(cf. Ap 7, 17)

Prière après la communion

Seigneur Dieu, tu as donné à sainte Cécile d'être couronnée parmi les saints, au double titre de vierge et de martyre ; par la force de ce sacrement, rends-nous forts pour surmonter le mal et obtenir ainsi la gloire du ciel. Par le Christ, notre Seigneur. – ***Amen.***

INVITATION

On fait mémoire aujourd'hui de sainte Cécile, patronne des musiciens. L'occasion de porter dans ma prière toutes les personnes qui consacrent de leur temps à l'animation liturgique.

COMMENTAIRE

Les gestes de la vie éternelle Luc 20, 27-40

Croire en la résurrection, c'est croire que l'amour de Dieu est plus fort que la mort. Refuser la résurrection, comme les sadducéens, c'est enfermer Dieu dans nos limites humaines. En Jésus ressuscité, Dieu nous ouvre un avenir. Désormais, la vie éternelle commence dans chaque geste de foi, de pardon, de charité. Ne restons pas figés dans nos peurs. Semons la paix, la joie et l'espérance autour de nous. ■

Jean-Paul Musangania, prêtre assomptionniste

❊ CLÉ DE LECTURE

« À son attente » 1 Martyrs d'Israël 6, 8 *(p. 162)*

Le roi grec Antiochus Épiphane IV laisse le souvenir d'un tyran qui s'est élevé contre le Dieu d'Israël et a tenté de faire apostasier son peuple. Sa mort apparaît comme un châtiment mérité selon une théologie de la rétribution aussi simpliste qu'insatisfaisante. Pourtant, une étude plus fine du texte vient la nuancer : Antiochus tombe malade de fureur et de dépit devant la défaite « car les événements n'ont pas répondu à son attente ». Le roi qui se croyait tout-puissant constate sa propre faiblesse. Devant l'échec, l'arrogance déçue se tourne en remords, le roi rentre en lui-même : en accumulant méfaits et cruautés sans nombre, il n'a pas seulement préparé sa propre défaite, il a creusé un désespoir qui le conduit à la mort. À moins que… ■

Roselyne Dupont-Roc, bibliste

DIMANCHE 23 NOVEMBRE 2025

LE CHRIST ROI DE L'UNIVERS

ANNÉE C – COULEUR LITURGIQUE : BLANC

« Jésus, souviens-toi de moi quand tu viendras dans ton Royaume. » Luc 23, 42

Qui est le Christ pour nous ? Le nouveau David, le « Messie de Dieu » ? Il est aussi la tête de l'Église. Il n'est pas « roi » à la manière du monde, son Royaume rassemblera tous les hommes dans la paix. Alors que le péché a éloigné l'humanité du Paradis, le Christ restaurera en tous la pureté originelle. Et l'eucharistie célèbre déjà le bonheur et la paix promis.

RITES INITIAUX

Chant d'entrée *(Suggestions p. 261)*

OU

Antienne d'ouverture

Il est digne, l'Agneau immolé, de recevoir puissance, divinité, sagesse, force et honneur, alléluia. À lui, la gloire et la souveraineté pour les siècles des siècles. (cf. Ap 5, 12 ; 1, 6)

Suggestion de préparation pénitentielle *(ou p. 232)*

Frères et sœurs, pour avoir part au festin du Royaume, reconnaissons que nous avons péché et laissons-nous réconcilier par le Christ.

Seigneur Jésus, Messie annoncé par les prophètes, tu accomplis l'Alliance nouvelle. Seigneur, prends pitié.

— Seigneur, prends pitié.

Ô Christ, Sauveur du monde par ta Croix, tu es la paix et le salut pour tous. Ô Christ, prends pitié.

— Ô Christ, prends pitié.

Seigneur, Prêtre éternel et Roi de l'univers, tu es source de vie éternelle. Seigneur, prends pitié.

— Seigneur, prends pitié.

Que Dieu tout-puissant nous fasse miséricorde ; qu'il nous pardonne nos péchés et nous conduise à la vie éternelle. ***— Amen.***

Gloire à Dieu (p. 234)

Prière
Dieu éternel et tout-puissant, tu as voulu récapituler toutes choses en ton Fils bien-aimé, le Roi de l'univers ; dans ta bonté, fais que, libérée de la servitude, toute la création serve ta gloire et chante sans fin ta louange. Par Jésus… – ***Amen.***

LITURGIE DE LA PAROLE

Lecture du deuxième livre de Samuel (5, 1-3)

« Ils donnèrent l'onction à David pour le faire roi sur Israël »

En ces jours-là, toutes les tribus d'Israël vinrent trouver David à Hébron et lui dirent : « Vois ! Nous sommes de tes os et de ta chair. Dans le passé déjà, quand Saül était notre roi, c'est toi qui menais Israël en campagne et le ramenais, et le Seigneur t'a dit : "Tu seras le berger d'Israël mon peuple, tu seras le chef d'Israël." » Ainsi, tous les anciens d'Israël vinrent trouver le roi à Hébron. Le roi David fit alliance avec eux, à Hébron, devant le Seigneur. Ils donnèrent l'onction à David pour le faire roi sur Israël.

– Parole du Seigneur.

Psaume 121 (122)

℟ *Dans la joie, nous irons à la maison du Seigneur.*

T. : AELF ; M. : B. Delattre ; Éd. : ADF.

Quelle joie quand on m'a dit :
« Nous irons à la maison du Seigneur ! »
Maintenant notre marche prend fin
devant tes portes, Jérusalem ! ℟

Jérusalem, te voici dans tes murs :
ville où tout ensemble ne fait qu'un !
C'est là que montent les tribus, les tribus du Seigneur,
là qu'Israël doit rendre grâce au nom du Seigneur. ℟

C'est là le siège du droit,
le siège de la maison de David.
Appelez le bonheur sur Jérusalem :
« Paix à ceux qui t'aiment ! » ℟

Écoutez ce psaume sur
**www.prionseneglise.fr/
messe-du-dimanche**

Lecture de la lettre de saint Paul apôtre aux Colossiens (1, 12-20)

« Dieu nous a placés dans le Royaume de son Fils bien-aimé »

Frères, rendez grâce à Dieu le Père, qui vous a rendus capables d'avoir part à l'héritage des saints, dans la lumière. Nous arrachant au pouvoir des ténèbres, il nous a placés dans le Royaume de son Fils bien-aimé : en lui nous avons la rédemption, le pardon des péchés.

Il est l'image du Dieu invisible, le premier-né, avant toute créature : en lui, tout fut créé, dans le ciel et sur la terre. Les êtres visibles et invisibles, Puissances, Principautés, Souverainetés, Dominations, tout est créé par lui et pour lui. Il est avant toute chose, et tout subsiste en lui.

Il est aussi la tête du corps, la tête de l'Église : c'est lui le commencement, le premier-né d'entre les morts, afin qu'il ait en tout la primauté. Car Dieu a jugé bon qu'habite en lui toute plénitude et que tout, par le Christ, lui soit enfin réconcilié, faisant la paix par le sang de sa Croix, la paix pour tous les êtres sur la terre et dans le ciel.

– Parole du Seigneur.

Acclamation de l'Évangile

Alléluia. Alléluia. Béni soit celui qui vient au nom du Seigneur ! Béni soit le Règne qui vient, celui de David notre père. ***Alléluia.***

U 76-98 M. : P. Robert; ADF-Musique.

Évangile de Jésus Christ selon saint Luc (23, 35-43)

« Jésus, souviens-toi de moi quand tu viendras dans ton Royaume »

En ce temps-là, on venait de crucifier Jésus, et le peuple restait là à observer. Les chefs tournaient Jésus en dérision et disaient : « Il en a sauvé d'autres : qu'il se sauve lui-même, s'il est le Messie de Dieu, l'Élu ! » Les soldats aussi se moquaient de lui ; s'approchant, ils lui présentaient de la boisson vinaigrée, en disant : « Si tu es le roi des Juifs, sauve-toi toi-même ! » Il y avait aussi une inscription au-dessus de lui : « Celui-ci est le roi des Juifs. » L'un des malfaiteurs suspendus en croix l'injuriait : « N'es-tu pas le Christ ? Sauve-toi toi-même, et nous aussi ! » Mais l'autre lui fit de vifs reproches : « Tu ne crains donc pas Dieu ! Tu es pourtant un condamné, toi aussi ! Et puis, pour nous, c'est juste : après ce que nous avons fait, nous avons ce que nous méritons. Mais lui, il n'a rien fait de mal. » Et il disait : « Jésus, souviens-toi de moi quand tu viendras dans ton Royaume. » Jésus lui déclara : « Amen, je te le dis : aujourd'hui, avec moi, tu seras dans le Paradis. »

Homélie

Profession de foi *(p. 235)*

Suggestion de prière universelle

Le prêtre :

Frères et sœurs, levons les yeux vers la croix du Sauveur, prions le Roi de l'univers pour l'humanité et pour la Création.

℟ ***Exauce-nous, Seigneur de gloire.***

X 27 n°32 SM; M. : Éqc.

Le diacre ou un lecteur :

En écho à la Journée mondiale de la jeunesse en diocèse, prions pour tous les jeunes. Pour que l'Église les accueille et s'ouvre à leur dynamisme, Christ Sauveur, nous te supplions. ℟

En célébrant le Prince de la paix, prions pour notre monde meurtri par la violence. Pour que les élus travaillent inlassablement à la justice et à la paix, Christ Seigneur, nous te supplions. ℟

Avec les deux larrons de l'Évangile, prions pour les personnes en prison et pour les malades. Pour que leur dignité soit respectée, Christ Visage de la miséricorde, nous te supplions. ℟

Avec l'Église, prions pour tous les baptisés, « placés dans le Royaume » du Fils bien-aimé du Père. Que la grâce du baptême porte du fruit, Christ Bon Berger, nous te supplions. ℟

(Ces intentions seront adaptées ou modifiées selon les circonstances. On peut aussi s'inspirer de l'intention universelle du Saint-Père, p. 6.)

Le prêtre :

Seigneur Jésus, toi qui réconcilies le monde par le sang de ta croix, écoute les supplications de ta famille et daigne répondre à nos appels. Toi qui vis et règnes pour les siècles des siècles. **— *Amen.***

LITURGIE EUCHARISTIQUE

Prière sur les offrandes

En offrant le sacrifice qui réconcilie le genre humain avec toi, nous te supplions humblement, Seigneur : que ton Fils lui-même accorde à tous les peuples les dons de l'unité et de la paix. Lui qui… — ***Amen.***

Prière eucharistique *(Préface du Christ Roi)*

Vraiment, il est juste et bon, pour ta gloire et notre salut, de t'offrir notre action de grâce, toujours et en tout lieu, Seigneur, Père très saint, Dieu éternel et tout-puissant. Tu as consacré d'une onction d'allégresse ton Fils unique, Jésus Christ, notre Seigneur, comme Prêtre éternel et Roi de l'univers. Pour accomplir les mystères de notre rédemption, il s'est offert lui-même sur l'autel de la croix en victime pure et pacifique. Quand toutes les créatures auront été soumises à son pouvoir, il remettra aux mains de ta souveraine puissance le règne éternel et universel : règne de vie et de vérité, règne de grâce et de sainteté, règne de justice, d'amour et de paix. C'est pourquoi, avec les anges et les archanges, avec les puissances d'en haut et tous les esprits bienheureux, nous chantons l'hymne de ta gloire et sans fin nous proclamons : ***Saint ! Saint ! Saint…***

Chant de communion *(Suggestions p. 261)*

OU

Antienne de la communion

Il siège, le Seigneur, il est roi pour toujours;
le Seigneur bénit son peuple en lui donnant la paix.
(Ps 28, 10-11)

Prière après la communion

Après avoir reçu le pain de l'immortalité, nous te supplions, Seigneur : nous qui mettons notre gloire à obéir aux commandements du Christ Roi de l'univers, puissions-nous vivre sans fin avec lui dans le royaume des Cieux. Lui qui… — ***Amen.***

RITE DE CONCLUSION

Bénédiction

Envoi

COMMENTAIRE DU DIMANCHE

Anne Da, xavière

Le Roi sacrifié

« Si tu es le roi des Juifs, sauve-toi toi-même ! » La parole de dérision des soldats fait écho à celle des chefs : « Il en a sauvé d'autres : qu'il se sauve lui-même, s'il est le Messie de Dieu, l'Élu ! ». Ces provocations, relayées par le malfaiteur, résonnent comme l'ultime tentative de soumettre le Seigneur Jésus : « Sauve-toi toi-même, et nous aussi ! »
En deux versets, par trois fois, Jésus est provoqué à se sauver par lui-même. Ultime tentation que Jésus refuse par le silence, lui qui dépend entièrement de son Père. L'offrande de sa vie par amour révèle un roi qui ne cherche pas à se sauver lui-même mais à sauver un peuple de pécheurs. L'écriteau l'atteste en désignant le Crucifié comme « le Roi des Juifs ». Le Bon Larron qui se reconnaît pécheur indigne sollicite la •••

••• miséricorde du Seigneur : « Jésus, souviens-toi de moi quand tu viendras dans ton Royaume. » La gloire de Jésus se dit en termes de salut, par un amour qui va jusqu'à être totalement dépossédé de soi pour accueillir le Bon Larron dès aujourd'hui avec lui dans le Royaume. Jésus est solidaire de son peuple. Le Bon Larron devient ainsi par grâce celui qui, le premier, entre par la porte du Royaume qu'est Jésus Christ. Il témoigne de la miséricorde en actes offerte par le Christ Roi de l'univers.
En ce temps de célébration du jubilé, puissions-nous être renouvelés dans l'Espérance par la contemplation du Christ Roi !

Comment accueillir dans la foi le Seigneur dans sa condition d'un roi bafoué et humilié ?
Ai-je le désir de témoigner de la royauté du Christ dans ma vie quotidienne au travail, dans mes relations ? ■

Prions en Église
junior

LIRE L'ÉVANGILE AVEC LES ENFANTS

CE QUE JE DÉCOUVRE

Au temps de Jésus, les rois habitaient dans un palais, étaient richement habillés, entourés de centaines de serviteurs et de gardes. **Jésus n'est pas ce genre de roi : son trône, c'est la croix, et sa couronne est faite d'épines.** Alors qu'on le maltraite, il ne répond pas par la violence. Il montre qu'il est un roi d'amour, un roi que tout le monde peut rencontrer, même les malfaiteurs. **Jésus aime et partage l'amour que Dieu lui donne.** Le jour de ton baptême, tu deviens un peu roi ou reine comme Jésus, car tu fais partie de sa famille !

CE QUE JE VIS

Que peut faire un roi pour le bien de son royaume ?
Et toi, que peux-tu faire de bon pour le royaume de Jésus ?
Dessine la Terre avec les continents et les mers. Et écris : « Jésus, tu es Roi de l'univers. »

Texte : Cédric Kuntz. Illustrations : Marcelino Truong

MÉDITATION BIBLIQUE

LE CHRIST ROI DE L'UNIVERS

Évangile selon saint Luc 23, 35-43

« Avec moi, dans le Paradis »

Une promesse qui nous concerne nous aussi ! Encore faut-il que nous le désirions et fassions nôtre cette prière du Bon Larron : « Jésus, souviens-toi de moi quand tu viendras dans ton Royaume. »

Le temps de la préparation

« Ta parole est la lumière de mes pas, la lampe de ma route. » (Ps 118, 105)

Le temps de l'observation

La promesse de Jésus est exorbitante dans la position qui est la sienne. Il a tout perdu et, bientôt, c'est sa vie même qu'il perdra. Mais dans cette situation où la majorité de ses concitoyens se ligue contre lui pour railler ses « prétentions messianiques », un dialogue s'instaure avec un homme de foi qui lui demande de se souvenir de lui – autrement dit, d'agir pour lui – quand il viendra dans son Royaume. L'aujourd'hui de Jésus n'est pas lié à la temporalité que nous connaissons. Il advient chaque fois qu'une créature humaine entre en relation avec lui et s'ouvre à la nouveauté qu'il instaure. Quant au Paradis promis, il ne s'agit pas d'abord d'un lieu mais de l'intimité avec Jésus, de la proximité avec le Père dans l'Esprit. Il nous appartient donc de découvrir le Christ comme « Dieu avec nous » et de vivre de sa présence. La royauté du Ressuscité n'a rien d'un pouvoir arbitraire qu'il exercerait sur nous, elle est bien plutôt à comprendre comme la capacité à mener chacun à son accomplissement (cf. Col 1).

Le temps de la méditation

Les larrons nous renvoient à nous-mêmes. Parfois, nous sommes enclins à exiger des signes ou des preuves : « sauve-toi toi-même, et nous avec ». Parfois Dieu nous « donne d'habiter, seul dans la confiance » (Ps 4). Une confiance ancrée dans un dialogue qui nous dépasse et débouche sur une prière de demande et d'abandon. Rien ne nous est dit du parcours de chacun de ces hommes. L'un vit manifestement son supplice comme une injustice, annihilant toute compassion et toute solidarité envers un semblable qui subit le même sort. Alors que l'autre assume son châtiment. Par-delà les circonstances particulières et le côté inadmissible de la crucifixion, ces deux larrons nous donnent finalement l'occasion de nous interroger sur ces deux attitudes du cœur : l'une qui accuse les circonstances ou autrui et génère l'amertume ; l'autre, qui consent à ce qui advient, ouvrant ainsi un espace à l'inattendu de Dieu dans l'exercice de sa royauté, source de réconciliation et de paix.

Le temps de la prière

Seigneur, « que ton règne vienne ». (Lc 11, 2) ■

Emmanuelle Billoteau, ermite

DES IMAGES POUR LA FOI

LE CHRIST ROI DE L'UNIVERS

« Dans ton Royaume »

Peinte il y a près de mille cinq cents ans, cette crucifixion nous invite à percevoir dans la foi la mystérieuse royauté de Jésus.

Tout est bientôt accompli : un soldat tend à l'un des condamnés une éponge trempée dans une « boisson vinaigrée » (Lc 23, 36), un autre lui perce le flanc d'un coup de lance (Jn 19, 34) tandis que trois de leurs collègues en profitent pour tirer au sort le vêtement du supplicié. Tout comme au malfaiteur qui insulte Jésus, la royauté de celui qu'ils crucifient échappe à ces soldats. L'image nous invite, dans la foi, à la percevoir. Jésus porte une tunique royale avec de larges bandes (laticlaves) dorées. Le poteau de sa croix relie définitivement le ciel et la terre, et ses bras grands ouverts ouvrent un nouvel horizon pour tous les hommes. Dans le ciel, les astres manifestent que le Jour du Seigneur est arrivé : le soleil se change « en ténèbres », et la lune se change « en sang » comme l'évoque le prophète Joël (Jl 3, 4). Alors qu'au pied de la Croix, les fidèles de Jésus sont encore dans la nuit, le malfaiteur à sa droite perçoit l'aube de ce Jour qui vient : « Jésus, souviens-toi de moi quand tu viendras dans ton Royaume. » Jésus pose sur lui son regard : « Aujourd'hui, avec moi, tu seras dans le Paradis » (Lc 23, 42-43). ■

Dominique Pierre

**Miniature des *Évangiles syriaques de Rabbula* (586).
Bibliothèque Laurentienne, Florence (Italie).**

LUNDI 24 NOVEMBRE 2025

34E SEMAINE DU TEMPS ORDINAIRE COULEUR LITURGIQUE : ROUGE

Saint André Dung-Lac et ses compagnons

Prêtre vietnamien, canonisé en 1988 par Jean-Paul II avec 116 autres compagnons, tous morts pour la foi au Vietnam, aux XVIIIe et XIXe siècles.

Antienne d'ouverture

Que la croix de notre Seigneur Jésus Christ soit notre seule fierté.
Le langage de la croix est puissance de Dieu
pour ceux qui vont vers leur salut. (cf. Ga 6, 14a ; 1 Co 1, 18)

Prière

Seigneur Dieu, source et origine de toute paternité, tu as donné aux saints martyrs André et ses compagnons la grâce d'être fidèles à la croix de ton Fils jusqu'à l'effusion de leur sang ; accorde-nous, par leur intercession, de propager ton amour parmi nos frères, afin de pouvoir être appelés enfants de Dieu et de l'être vraiment. Par Jésus… — ***Amen.***

Lecture

du livre du prophète Daniel (1, 1-6.8-20)

« Pas un seul n'était comparable à Daniel, Ananias, Misaël et Azarias »

La troisième année du règne de Joakim, roi de Juda, Nabucodonosor, roi de Babylone, arriva devant Jérusalem et l'assiégea. Le Seigneur livra entre ses mains Joakim, roi de Juda, ainsi qu'une partie des objets de la maison de Dieu. Il les emporta au pays de Babylone, et les déposa dans le trésor de ses dieux. Le roi ordonna à Ashpénaz, chef de ses eunuques, de

faire venir quelques jeunes Israélites de race royale ou de famille noble. Ils devaient être sans défaut corporel, de belle figure, exercés à la sagesse, instruits et intelligents, pleins de vigueur, pour se tenir à la cour du roi et apprendre l'écriture et la langue des Chaldéens. Le roi leur assignait pour chaque jour une portion des mets royaux et du vin de sa table. Ils devaient être formés pendant trois ans, et ensuite ils entreraient au service du roi.

Parmi eux se trouvaient Daniel, Ananias, Misaël et Azarias, qui étaient de la tribu de Juda. Daniel eut à cœur de ne pas se souiller avec les mets du roi et le vin de sa table, il supplia le chef des eunuques de lui épargner cette souillure. Dieu permit à Daniel de trouver auprès de celui-ci faveur et bienveillance. Mais il répondit à Daniel : « J'ai peur de mon Seigneur le roi, qui a fixé votre nourriture et votre boisson ; s'il vous voit le visage plus défait qu'aux jeunes gens de votre âge, c'est moi qui, à cause de vous, risquerai ma tête devant le roi. »

Or, le chef des eunuques avait confié Daniel, Ananias, Azarias et Misaël à un intendant. Daniel lui dit : « Fais donc pendant dix jours un essai avec tes serviteurs : qu'on nous donne des légumes à manger et de l'eau à boire. Tu pourras comparer notre mine avec celle des jeunes gens qui mangent les mets du roi, et tu agiras avec tes serviteurs suivant ce que tu auras constaté. » L'intendant consentit à leur demande, et les mit à l'essai pendant dix jours. Au bout de dix jours, ils avaient plus belle mine et meilleure santé que tous les jeunes gens qui mangeaient des mets du roi. L'intendant supprima définitivement leurs mets et leur ration de vin, et leur fit donner des légumes.

À ces quatre jeunes gens, Dieu accorda science et habileté en matière d'écriture et de sagesse. Daniel, en outre, savait interpréter les visions et les songes. Au terme fixé par le roi Nabucodonosor pour qu'on lui amenât tous les jeunes gens, le chef des eunuques les conduisit devant lui. Le roi s'entretint avec eux, et pas un seul n'était comparable à Daniel, Ananias, Misaël et Azarias. Ils entrèrent donc au service du roi. Sur toutes les questions demandant sagesse et intelligence que le roi leur posait, il les trouvait dix fois supérieurs à tous les magiciens et mages de tout son royaume.

– Parole du Seigneur.

Cantique Daniel 3, 52, 53, 54, 55, 56

℟ ***À toi, louange et gloire éternellement !***

Béni sois-tu, Seigneur,
Dieu de nos pères : ℟

Béni soit le nom très saint de ta gloire : ℟

Béni sois-tu dans ton saint temple
de gloire : ℟

Béni sois-tu sur le trône de ton règne : ℟

Béni sois-tu, toi qui sondes les abîmes : ℟

Toi qui sièges au-dessus des Kéroubim : ℟

Béni sois-tu au firmament, dans le ciel : ℟

Acclamation de l'Évangile

Alléluia. Alléluia. Veillez, tenez-vous prêts : c'est à l'heure où vous n'y pensez pas que le Fils de l'homme viendra. ***Alléluia.***

Évangile de Jésus Christ

selon saint Luc (21, 1-4)

« Jésus vit une veuve misérable mettre deux petites pièces de monnaie »

En ce temps-là, comme Jésus enseignait dans le Temple, levant les yeux, il vit les gens riches qui mettaient leurs offrandes dans le Trésor. Il vit aussi une veuve misérable y mettre deux petites pièces de monnaie. Alors il déclara : « En vérité, je vous le dis : cette pauvre veuve a mis plus que tous les autres. Car tous ceux-là, pour faire leur offrande, ont pris sur leur superflu mais elle, elle a pris sur son indigence : elle a mis tout ce qu'elle avait pour vivre. »

Prière sur les offrandes

Reçois, Père très saint, les offrandes que nous te présentons en célébrant les saints martyrs du Vietnam, pour qu'au milieu des difficultés de notre vie, nous puissions être trouvés toujours fidèles et nous offrir à toi en sacrifice qui te plaise. Par le Christ, notre Seigneur. – ***Amen.***

Antienne de la communion

Heureux ceux qui sont persécutés
pour la justice,
car le royaume des Cieux est à eux !
(Mt 5, 10)

Prière après la communion

Nourris et fortifiés par un même pain en la mémoire de tes saints martyrs, nous te supplions, Seigneur : garde-nous unis dans ton amour, afin que nous obtenions la récompense éternelle, promise à ceux qui souffrent pour toi. Par le Christ, notre Seigneur.

— Amen.

INVITATION

Le pape nous invite ce mois-ci à prier pour les personnes tentées par le suicide. Je m'associe à cette intention *(lire p. 6)*.

COMMENTAIRE

L'aumône comme remède

Luc 21, 1-4

Le geste de la veuve exprime une disposition du cœur louée par Jésus. C'est la générosité même de Dieu qui se dit à travers son don. Le Christ nous invite à regarder au-delà des apparences et du quantifiable. La femme nous permettant ainsi de comprendre que nous avons tous de quoi donner ou transmettre, quel que soit notre sentiment de pauvreté (matériel, intellectuel, affectif...). Sachant que l'aumône fait partie de ces remèdes à nos blessures qui nous ouvrent à la rencontre du Christ. ■

***Emmanuelle Billoteau**, ermite*

MARDI 25 NOVEMBRE 2025

34e SEMAINE DU TEMPS ORDINAIRE COULEUR LITURGIQUE : VERT

Temps ordinaire, *suggestion d'oraisons et d'antiennes n° 21*
ou **sainte Catherine d'Alexandrie**

Antienne d'ouverture

Incline vers moi ton oreille, Seigneur, exauce-moi.
Sauve, ô mon Dieu, ton serviteur qui espère en toi. Prends pitié de moi, Seigneur, toi que j'appelle tout le jour. (cf. Ps 85, 1-3)

Prière

Seigneur Dieu, toi qui unis les cœurs des fidèles dans une seule volonté : donne à ton peuple d'aimer ce que tu commandes et de désirer ce que tu promets, pour qu'au milieu des changements de ce monde, nos cœurs s'établissent fermement là où se trouvent les vraies joies. Par Jésus… ***— Amen.***

Lecture

du livre du prophète Daniel (2, 31-45)

« Le dernier royaume pulvérisera et anéantira tous les autres, mais lui-même subsistera à jamais »

En ces jours-là, Daniel dit à Nabucodonosor : « Ô roi, voici ta vision : une énorme statue se dressait devant toi, une grande statue, extrêmement brillante et d'un aspect terrifiant. Elle avait la tête en or fin ; la poitrine et les bras, en argent ; le ventre et les cuisses, en bronze ; ses jambes étaient en fer, et ses pieds, en partie de fer, en partie d'argile. Tu étais en train de

23 - 29

regarder : soudain une pierre se détacha d'une montagne, sans qu'on y ait touché ; elle vint frapper les pieds de fer et d'argile de la statue et les pulvérisa. Alors, furent pulvérisés tout ensemble le fer et l'argile, le bronze, l'argent et l'or ; ils devinrent comme la paille qui s'envole en été, au moment du battage : ils furent emportés par le vent sans laisser de traces. Quant à la pierre qui avait frappé la statue, elle devint un énorme rocher qui remplit toute la terre.

Voici le songe ; et maintenant, en présence du roi, nous allons en donner l'interprétation. C'est à toi, le roi des rois, que le Dieu du ciel a donné royauté, puissance, force et gloire. C'est à toi qu'il a remis les enfants des hommes, les bêtes des champs et les oiseaux du ciel, quelle que soit leur demeure ; c'est toi qu'il a rendu maître de toute chose : la tête d'or, c'est toi. Après toi s'élèvera un autre royaume, inférieur au tien, ensuite un troisième royaume, un royaume de bronze qui dominera la terre entière. Il y aura encore un quatrième royaume, dur comme le fer. De même que le fer brise et écrase tout, de même, il pulvérisera et brisera tous les royaumes. Tu as vu les pieds qui étaient en partie d'argile et en partie de fer : en effet, ce royaume sera divisé ; il aura en lui la force du fer, comme tu as vu du fer mêlé à l'argile. Ces pieds en partie de fer et en partie d'argile signifient que le royaume sera en partie fort et en partie faible. Tu as vu le fer associé à l'argile parce que les royaumes s'uniront par des mariages ; mais ils ne tiendront pas ensemble, de même que le fer n'adhère pas à l'argile. Or, au temps de ces rois, le Dieu du ciel suscitera un royaume qui ne sera jamais détruit, et dont la royauté ne passera pas à un autre peuple. Ce dernier royaume pulvérisera et anéantira tous les autres, mais lui-même subsistera à jamais. C'est ainsi que tu as vu une pierre se détacher de la montagne sans qu'on y ait touché, et pulvériser le fer, le bronze, l'argile, l'argent et l'or. Le grand Dieu a fait connaître au roi ce qui doit ensuite advenir. Le songe disait vrai, l'interprétation est digne de foi. » – Parole du Seigneur.

Cantique Daniel 3, 57, 58, 59, 60, 61

℟ ***À lui, haute gloire, louange éternelle !***

Toutes les œuvres du Seigneur,
bénissez le Seigneur. ℟

Vous, les cieux, bénissez le Seigneur. ℟

Vous, les anges du Seigneur,
bénissez le Seigneur. ℟

Et vous, les eaux par-dessus le ciel,
bénissez le Seigneur. ℟

Et toutes les puissances du Seigneur,
bénissez le Seigneur. ℟

Acclamation de l'Évangile

Alléluia. Alléluia. Sois fidèle jusqu'à la mort, dit le Seigneur, et je te donnerai la couronne de la vie. ***Alléluia.***

Évangile de Jésus Christ

selon saint Luc (21, 5-11)

« Il n'en restera pas pierre sur pierre »

En ce temps-là, comme certains parlaient du Temple, des belles pierres et des ex-voto qui le décoraient, Jésus leur déclara : « Ce que vous contemplez, des jours viendront où il n'en restera pas pierre sur pierre : tout sera détruit. » Ils lui demandèrent : « Maître, quand cela arrivera-t-il ? Et quel sera le signe que cela est sur le point d'arriver ? » Jésus répondit : « Prenez garde de ne pas vous laisser égarer, car beaucoup viendront sous mon nom, et diront : "C'est moi", ou encore : "Le moment est tout proche." Ne marchez pas derrière eux ! Quand vous entendrez parler de guerres et de désordres, ne soyez pas terrifiés : il faut que cela arrive d'abord, mais ce ne sera pas aussitôt la fin. »

Alors Jésus ajouta : « On se dressera nation contre nation, royaume contre royaume. Il y aura de grands tremblements de terre et, en divers lieux, des famines et des épidémies ; des phénomènes effrayants surviendront, et de grands signes venus du ciel. »

Prière sur les offrandes

Par l'unique sacrifice, offert une fois pour toutes, tu t'es donné, Seigneur, le peuple que tu as adopté ; en ta bienveillance, accorde-nous la grâce de l'unité et de la paix dans ton Église. Par le Christ, notre Seigneur. — ***Amen.***

Antienne de la communion

La terre se rassasie du fruit
de tes œuvres, Seigneur,
tu fais produire à la terre le pain,
et le vin qui réjouit le cœur
de l'homme. (cf. Ps 103, 13-15)

OU

Qui mange ma chair et boit mon sang a la vie éternelle, dit le Seigneur ; et moi, je le ressusciterai au dernier jour. (Jn 6, 54)

Prière après la communion

Que ta miséricorde agisse en nous, Seigneur, nous t'en prions, et qu'elle nous guérisse entièrement ; par ta bonté, transforme-nous et rends-nous si fervents que nous puissions te plaire en toute chose. Par le Christ, notre Seigneur. — ***Amen.***

INVITATION

Dans ma prière, je demande à l'Esprit la force de pouvoir être en tout temps un témoin pour mon entourage.

COMMENTAIRE

Le refuge

Luc 21, 5-11

Où trouver son assise quand le monde alentour semble pris de folie, quand la précarité de nos institutions et de nos réalisations se font douloureusement sentir, quand nous comprenons que la réalité nous échappe ? Jésus nous invite implicitement à chercher en Dieu notre stabilité, à bâtir notre demeure sur le roc de sa parole, à mettre en lui notre espérance. Dieu n'est-il pas pour nous « refuge et force, secours, dans la détresse, toujours offert » (Ps 45 [46], 2) ? ■

Emmanuelle Billoteau, ermite

MERCREDI 26 NOVEMBRE 2025

34E SEMAINE DU TEMPS ORDINAIRE COULEUR LITURGIQUE : VERT

Temps ordinaire, *suggestion d'oraisons et d'antiennes n° 22*

Antienne d'ouverture

Prends pitié de moi, Seigneur, car j'ai crié vers toi tout le jour,
toi qui es bon et qui pardonnes, plein de miséricorde
pour tous ceux qui t'appellent. (cf. Ps 85, 3.5)

Prière

Dieu de l'univers, de qui vient tout don parfait, enracine en nos cœurs l'amour de ton nom ; augmente notre foi pour développer ce qui est bon en nous ; veille sur nous avec sollicitude pour protéger ce que tu as fait grandir. Par Jésus…

— Amen.

Lecture

du livre du prophète Daniel (5, 1-6.13-14.16-17.23-28)

« Soudain on vit apparaître les doigts d'une main d'homme qui se mirent à écrire »

En ces jours-là, le roi Balthazar donna un somptueux festin pour les grands du royaume au nombre de mille, et il se mit à boire du vin en leur présence. Excité par le vin, il fit apporter les vases d'or et d'argent que son père Nabucodonosor avait enlevés au temple de Jérusalem ; il voulait y boire, avec ses grands, ses épouses et ses concubines. On apporta donc les vases d'or enlevés du temple, de la maison de Dieu à Jérusalem, et le roi,

ses grands, ses épouses et ses concubines s'en servirent pour boire. Après avoir bu, ils entonnèrent la louange de leurs dieux d'or et d'argent, de bronze et de fer, de bois et de pierre. Soudain on vit apparaître, en face du candélabre, les doigts d'une main d'homme qui se mirent à écrire sur la paroi de la salle du banquet royal. Lorsque le roi vit cette main qui écrivait, il changea de couleur, son esprit se troubla, il fut pris de tremblement, et ses genoux s'entrechoquèrent. On fit venir Daniel devant le roi, et le roi lui dit : « Es-tu bien Daniel, l'un de ces déportés amenés de Juda par le roi mon père ? J'ai entendu dire qu'un esprit des dieux réside en toi, et qu'on trouve chez toi une clairvoyance, une intelligence et une sagesse extraordinaires. J'ai entendu dire aussi que tu es capable de donner des interprétations et de résoudre des questions difficiles. Si tu es capable de lire cette inscription et de me l'interpréter, tu seras revêtu de pourpre, tu porteras un collier d'or et tu seras le troisième personnage du royaume. » Daniel répondit au roi : « Garde tes cadeaux, et offre à d'autres tes présents ! Moi, je lirai au roi l'inscription et je lui en donnerai l'interprétation. Tu t'es élevé contre le Seigneur du ciel ; tu t'es fait apporter les vases de sa Maison, et vous y avez bu du vin, toi, les grands de ton royaume, tes épouses et tes concubines ; vous avez entonné la louange de vos dieux d'or et d'argent, de bronze et de fer, de bois et de pierre, ces dieux qui ne voient pas, qui n'entendent pas, qui ne savent rien. Mais tu n'as pas rendu gloire au Dieu qui tient dans sa main ton souffle et tous tes chemins. C'est pourquoi il a envoyé cette main et fait tracer cette inscription. En voici le texte : *Mené, Mené, Teqèl, Ou-Pharsine.* Et

voici l'interprétation de ces mots : *Mené* (c'est-à-dire "compté") : Dieu a compté les jours de ton règne et y a mis fin ; *Teqèl* (c'est-à-dire "pesé") : tu as été pesé dans la balance, et tu as été trouvé trop léger ; *Ou-Pharsine* (c'est-à-dire "partagé") : ton royaume a été partagé et donné aux Mèdes et aux Perses. »
– Parole du Seigneur.

Cantique Daniel 3, 62, 63, 64, 65, 66, 67

℟ ***À lui, haute gloire, louange éternelle !***

Vous, le soleil et la lune,
bénissez le Seigneur. ℟

Et vous, les astres du ciel,
bénissez le Seigneur. ℟

Vous toutes, pluies et rosées,
bénissez le Seigneur. ℟

Vous tous, souffles et vents,
bénissez le Seigneur. ℟

Et vous, le feu et la chaleur,
bénissez le Seigneur. ℟

Et vous, la fraîcheur et le froid,
bénissez le Seigneur. ℟

Acclamation de l'Évangile

Alléluia. Alléluia. Sois fidèle jusqu'à la mort, dit le Seigneur, et je te donnerai la couronne de la vie. ***Alléluia.***

Évangile de Jésus Christ

selon saint Luc (21, 12-19)

« Vous serez détestés de tous, à cause de mon nom. Mais pas un cheveu de votre tête ne sera perdu »

En ce temps-là, Jésus disait à ses disciples : « On portera la main sur vous et l'on vous persécutera ; on vous livrera aux synagogues et aux prisons, on vous fera comparaître devant des rois et des gouverneurs, à cause de mon nom. Cela vous amènera à rendre témoignage. Mettez-vous donc dans l'esprit que vous n'avez pas à vous préoccuper de votre défense. C'est moi qui vous donnerai un langage et une sagesse à laquelle tous vos adversaires ne pourront ni résister ni s'opposer. Vous serez livrés même par vos parents, vos frères, votre famille et vos amis, et ils feront mettre à mort certains d'entre vous. Vous serez détestés de tous, à cause de mon nom. Mais pas un cheveu de votre tête ne sera perdu. C'est par votre persévérance que vous garderez votre vie. »

Prière sur les offrandes

Que cette offrande sainte nous apporte à jamais, Seigneur, la bénédiction du salut, afin qu'elle donne toute sa force à ce qu'elle accomplit dans le sacrement. Par le Christ, notre Seigneur. — ***Amen.***

Antienne de la communion

Qu'ils sont grands, tes bienfaits,
Seigneur ! Tu les réserves
à ceux qui te craignent.
(Ps 30, 20)

OU
Heureux les artisans de paix,
car ils seront appelés fils de Dieu.
Heureux ceux qui sont persécutés
pour la justice, car le royaume
des Cieux est à eux.
(Mt 5, 9-10)

Prière après la communion

Rassasiés par le pain reçu à la table du ciel, nous te prions, Seigneur : que cette nourriture fortifie en nos cœurs la charité, et nous stimule à te servir dans nos frères. Par le Christ, notre Seigneur. — ***Amen.***

INVITATION

Le Seigneur me rejoint dans ma vie, dans la situation qui est la mienne.
Je le reconnais, je l'écoute, et je réponds à son invitation de persévérance.

COMMENTAIRE

Présent dans l'épreuve

Luc 21, 12-19

Les épreuves auxquelles nous attachons spontanément une connotation négative apparaissent comme le lieu par excellence du témoignage et de l'expérience de la présence du Christ et de son Esprit : « C'est moi qui vous donnerai un langage et une sagesse à laquelle tous vos adversaires ne pourront ni résister ni s'opposer. » Ce propos s'inscrit dans la ligne des prophètes de l'Ancien Testament et se situe aux antipodes d'un christianisme parfois si consensuel qu'il en perd sa saveur. ■

Emmanuelle Billoteau, ermite

JEUDI 27 NOVEMBRE 2025

34e SEMAINE DU TEMPS ORDINAIRE COULEUR LITURGIQUE : VERT

Temps ordinaire, *suggestion d'oraisons et d'antiennes n° 23*

Antienne d'ouverture

Toi, tu es juste, Seigneur, tu es droit dans ton jugement.
Agis pour ton serviteur selon ta miséricorde.
(cf. Ps 118, 137.124a)

Prière

Seigneur Dieu, par toi nous vient la rédemption, par toi nous est donnée l'adoption filiale ; dans ta bonté, regarde avec amour tes enfants ; à ceux qui croient au Christ, accorde la vraie liberté et la vie éternelle en héritage. Par Jésus… ***— Amen.***

Lecture

du livre du prophète Daniel (6, 12-28)

« Mon Dieu a envoyé son ange, qui a fermé la gueule des lions »

En ces jours-là, les hommes qui avaient comploté contre Daniel se précipitèrent et le surprirent en train de prier et de supplier en présence de son Dieu. Ils allèrent trouver le roi et lui dirent : « N'as-tu pas fait mettre par écrit cette interdiction : Tout homme qui, dans les trente jours à venir, adressera une prière à un dieu ou à un homme autre que le roi, sera jeté dans la fosse aux lions ? » Le roi répondit : « Oui, c'est la décision que j'ai prise. Et, selon la loi des Mèdes et des Perses, elle est irrévocable. » Ils

23 - 29

dirent alors au roi : « Daniel, un des déportés de Juda, ne tient compte ni de toi, ni de ton interdiction, ô roi ; trois fois par jour, il fait sa prière. » En apprenant cela, le roi fut très contrarié et se préoccupa de sauver Daniel. Jusqu'au coucher du soleil, il chercha comment le soustraire à la mort. Les mêmes hommes revinrent à la charge auprès du roi : « N'oublie pas, ô roi, que, selon la loi des Mèdes et des Perses, toute interdiction, tout décret porté par le roi est irrévocable. » Alors le roi ordonna d'emmener Daniel, et on le jeta dans la fosse aux lions. Il dit à Daniel : « Ton Dieu, que tu sers avec tant de constance, c'est lui qui te délivrera ! » On apporta une plaque de pierre, on la plaça sur l'ouverture de la fosse ; le roi la scella avec le cachet de son anneau et celui des grands du royaume, pour que la condamnation de Daniel fût irrévocable. Puis le roi rentra dans son palais ; il passa la nuit sans manger ni boire, il ne fit venir aucune concubine, il ne put trouver le sommeil. Il se leva dès l'aube, au petit jour, et se rendit en hâte à la fosse aux lions. Arrivé près de la fosse, il appela Daniel d'une voix angoissée : « Daniel, serviteur du Dieu vivant, ton Dieu, que tu sers avec tant de constance, a-t-il pu te faire échapper aux lions ? » Daniel répondit : « Ô roi, puisses-tu vivre à jamais ! Mon Dieu a envoyé son ange, qui a fermé la gueule des lions. Ils ne m'ont fait aucun mal, car j'avais été reconnu innocent devant lui ; et devant toi, ô roi, je n'avais rien fait de criminel. » Le roi ressentit une grande joie et ordonna de tirer Daniel de la fosse. On l'en retira donc, et il n'avait aucune blessure, car il avait eu foi en son Dieu.

Le roi ordonna d'amener les accusateurs de Daniel et de les jeter dans la fosse aux lions, avec leurs enfants et leurs femmes ; or, avant même qu'ils soient au fond de la fosse, les lions les avaient happés et leur avaient broyé les os. Alors le roi Darius écrivit à tous les peuples, nations et gens de toutes langues, qui habitent sur toute la terre : « Que votre paix soit grande ! Voici l'ordre que je donne : Dans toute l'étendue de mon empire, on doit trembler de crainte devant le Dieu de Daniel, car il est le Dieu vivant, il demeure éternellement ; son règne ne sera pas détruit, sa souveraineté n'aura pas de fin. Il délivre et il sauve, il accomplit des signes et des prodiges, au ciel et sur la terre, lui qui a sauvé Daniel de la griffe des lions. »

– Parole du Seigneur.

Cantique Daniel 3, 68, 69, 70, 71, 72, 73, 74

℟ ***À lui, haute gloire, louange éternelle !***

Et vous, le givre et la rosée,
bénissez le Seigneur. ℟

Et vous, le gel et le froid,
bénissez le Seigneur. ℟

Et vous, la glace et la neige,
bénissez le Seigneur. ℟

Et vous, les nuits et les jours,
bénissez le Seigneur. ℟

Et vous, la lumière et les ténèbres,
bénissez le Seigneur.

Et vous, les éclairs, les nuées,
bénissez le Seigneur. ℟

Que la terre bénisse le Seigneur. ℟

Acclamation de l'Évangile

Alléluia. Alléluia. Redressez-vous et relevez la tête, car votre rédemption approche. ***Alléluia.***

Évangile de Jésus Christ

selon saint Luc (21, 20-28)

« Jérusalem sera foulée aux pieds par des païens, jusqu'à ce que leur temps soit accompli »

En ce temps-là, Jésus disait à ses disciples : « Quand vous verrez Jérusalem encerclée par des armées, alors sachez que sa dévastation approche. Alors, ceux qui seront en Judée, qu'ils s'enfuient dans les montagnes ; ceux qui seront à l'intérieur de la ville, qu'ils s'en éloignent ; ceux qui seront à la campagne, qu'ils ne rentrent pas en ville, car ce seront des jours où justice sera faite pour que soit accomplie toute l'Écriture.

« Quel malheur pour les femmes qui seront enceintes et celles qui allaiteront en ces jours-là, car il y aura un grand désarroi dans le pays, une grande colère contre ce peuple. Ils tomberont sous le tranchant de l'épée, ils seront emmenés en captivité dans toutes les nations ; Jérusalem sera foulée aux pieds par des païens, jusqu'à ce que leur temps soit accompli*. Il y aura des signes dans le soleil, la lune et les étoiles. Sur terre, les nations seront affolées et désemparées par le fracas de la mer et des flots. Les hommes mourront de peur dans l'attente de ce qui doit arriver au monde, car les puissances des cieux seront ébranlées. Alors, on verra le Fils de l'homme venir dans une nuée, avec puissance et grande gloire. Quand ces événements commenceront, redressez-vous et relevez la tête, car votre rédemption approche. »

Prière sur les offrandes

Seigneur Dieu, source de la piété véritable et de la paix, nous t'en prions, accorde-nous d'honorer dignement ta gloire par cette offrande ; que, dans la participation fidèle aux saints mystères, nous prenions davantage conscience de notre unité. Par le Christ, notre Seigneur. **— *Amen.***

Antienne de la communion

Comme un cerf altéré cherche
la source des eaux, ainsi mon âme
te désire, toi, mon Dieu. Mon âme
a soif de Dieu, le Dieu vivant et fort.
(cf. Ps 41, 2-3)

OU

Je suis la lumière du monde,
dit le Seigneur.
Celui qui me suit ne marchera pas
dans les ténèbres,
il aura la lumière de la vie. (Jn 8, 12)

Prière après la communion

Par ta parole, Seigneur, et par le sacrement du ciel, tu nourris tes fidèles et tu les fais vivre : accorde-nous de si bien profiter de tels dons que nous soyons associés pour toujours à la vie de ton Fils bien-aimé. Lui qui… **— *Amen.***

INVITATION

En lisant mon journal ou en écoutant la radio, je peux choisir une actualité de notre monde à confier au Seigneur.

COMMENTAIRE

Remise en ordre Luc 21, 20-28

Les catastrophes évoquées dans l'évangile appartiennent au langage traditionnel pour dire la fin des temps « où justice sera faite pour que soit accomplie toute l'Écriture ». Une justice qui est une remise en place de l'ordre instauré par Dieu pour que les humains vivent de sa vie. Autant dire que ces catastrophes sont l'image de la purification nécessaire pour que nous soyons enfin ajustés au projet de Dieu, aux « pensées de paix et non de malheur » qu'il « forme à notre sujet » (Jr 29,11). ■

***Emmanuelle Billoteau,** ermite*

✲ CLÉ DE LECTURE

« Leur temps soit accompli » Luc 21, 24 *(p. 202)*

Aux disciples qui l'interrogent sur le moment de la fin et ses signes précurseurs, Jésus a répondu en dénonçant les faux prophètes et les peurs stériles : nul ne sait quand viendra la fin. Mais l'évangéliste, qui rédige ce discours après 70 et la chute de Jérusalem saccagée par les Romains, peut en tirer une leçon : si terrible soit-il, cet événement ne représente pas la fin ! Au contraire, un temps s'ouvre : celui de la mission chrétienne auprès des nations païennes. Pour Luc, la ruine de Jérusalem et la dispersion des Juifs inaugurent un temps d'annonce du Christ au monde. Le temps de la conversion des païens une fois accompli, la réunion des chrétiens et des Juifs pourra ouvrir le temps de la « rédemption », celui d'un monde enfin réconcilié. ■

***Roselyne Dupont-Roc,** bibliste*

VENDREDI 28 NOVEMBRE 2025

34E SEMAINE DU TEMPS ORDINAIRE COULEUR LITURGIQUE : VERT

Temps ordinaire, *suggestion d'oraisons et d'antiennes n° 24*

Antienne d'ouverture

Donne la paix, Seigneur, à ceux qui t'attendent ; que tes prophètes soient reconnus dignes de foi. Écoute les prières de ton serviteur, et de ton peuple Israël. (cf. Si 36, 21-22)

Prière

Dieu créateur et maître de tout, pose sur nous ton regard, et pour que nous ressentions l'effet de ton pardon, accorde-nous de te servir avec un cœur sans partage. Par Jésus… ***— Amen.***

Lecture

du livre du prophète Daniel (7, 2-14)

« Je voyais venir, avec les nuées du ciel, comme un Fils d'homme »

Daniel prit la parole et dit : « Au cours de la nuit, dans ma vision, je regardais. Les quatre vents du ciel soulevaient la grande mer. Quatre bêtes énormes sortirent de la mer, chacune différente des autres. La première ressemblait à un lion, et elle avait des ailes d'aigle. Tandis que je la regardais, ses ailes lui furent arrachées, et elle fut soulevée de terre et dressée sur ses pieds, comme un homme, et un cœur d'homme lui fut donné. La deuxième bête ressemblait à un ours ; elle était à moitié debout,

23 - 29

et elle avait trois côtes d'animal dans la gueule, entre les dents. On lui dit : "Lève-toi, dévore beaucoup de viande !" Je continuais à regarder : je vis une autre bête, qui ressemblait à une panthère ; et elle avait quatre ailes d'oiseau sur le dos ; elle avait aussi quatre têtes. La domination lui fut donnée. Puis, au cours de la nuit, je regardais encore ; je vis une quatrième bête, terrible, effrayante, extraordinairement puissante ; elle avait des dents de fer énormes ; elle dévorait, déchiquetait et piétinait tout ce qui restait. Elle était différente des trois autres bêtes, et elle avait dix cornes. Comme je considérais ces cornes, il en poussa une autre, plus petite, au milieu ; trois des premières cornes furent arrachées devant celle-ci. Et cette corne avait des yeux comme des yeux d'homme, et une bouche qui tenait des propos délirants.

Je continuai à regarder : des trônes furent disposés, et un Vieillard prit place ; son habit était blanc comme la neige, et les cheveux de sa tête, comme de la laine immaculée ; son trône était fait de flammes de feu, avec des roues de feu ardent. Un fleuve de feu coulait, qui jaillissait devant lui. Des milliers de milliers le servaient, des myriades de myriades se tenaient devant lui. Le tribunal prit place et l'on ouvrit des livres. Je regardais, j'entendais les propos délirants que vomissait la corne. Je regardais, et la bête fut tuée, son cadavre fut jeté au feu. Quant aux autres bêtes, la domination leur fut retirée, mais une prolongation de vie leur fut donnée, pour une période et un temps déterminés. Je regardais, au cours des visions de la nuit, et je voyais venir, avec les nuées du ciel, comme un Fils d'homme ; il parvint jusqu'au Vieillard, et on le fit avancer devant lui. Et il lui fut donné domination, gloire et royauté ; tous les peuples, toutes les nations et les gens de toutes langues le servirent. Sa domination est une domination éternelle, qui ne passera pas, et sa royauté, une royauté qui ne sera pas détruite. »

– Parole du Seigneur.

Cantique Daniel 3, 75, 76, 77, 78, 79, 80, 81

℟ ***À lui, haute gloire, louange éternelle !***

Et vous, montagnes et collines,
bénissez le Seigneur. ℟

Et vous, les plantes de la terre,
bénissez le Seigneur. ℟

Et vous, océans et rivières,
bénissez le Seigneur. ℟

Et vous, sources et fontaines,
bénissez le Seigneur. ℟

Baleines et bêtes de la mer,
bénissez le Seigneur. ℟

Vous tous, les oiseaux dans le ciel,
bénissez le Seigneur. ℟

Vous tous, fauves et troupeaux,
bénissez le seigneur. ℟

Acclamation de l'Évangile

Alléluia. Alléluia. Redressez-vous et relevez la tête, car votre rédemption approche. ***Alléluia.***

Évangile de Jésus Christ

selon saint Luc (21, 29-33)

« Lorsque vous verrez arriver cela,
sachez que le royaume de Dieu est proche »

En ce temps-là, Jésus dit à ses disciples cette parabole : « Voyez le figuier et tous les autres arbres. Regardez-les : dès qu'ils bourgeonnent, vous savez que l'été est tout proche. De même, vous aussi, lorsque vous verrez arriver cela, sachez que le royaume de Dieu est proche. Amen, je vous le dis : cette génération ne passera pas sans que tout cela n'arrive. Le ciel et la terre passeront, mes paroles ne passeront pas. »

Prière sur les offrandes

Sois favorable à nos supplications, Seigneur, et dans ta bonté accueille les offrandes de ceux qui te servent : que les dons offerts par chacun en l'honneur de ton nom soient utiles au salut de tous. Par le Christ, notre Seigneur. — ***Amen.***

Antienne de la communion

Qu'elle est précieuse, ta miséricorde, ô mon Dieu ! Les hommes trouvent refuge à l'ombre de tes ailes.
(cf. Ps 35, 8)

OU

La coupe de bénédiction que nous bénissons est communion au sang du Christ. Le pain que nous rompons est participation au corps du Seigneur.
(cf. 1 Co 10, 16)

Prière après la communion

Que la force agissante de ce don divin, nous t'en prions, Seigneur, saisisse nos esprits et nos corps, afin que son influence, et non pas notre sentiment, prédomine toujours en nous. Par le Christ, notre Seigneur. — ***Amen.***

INVITATION

Je récite lentement le Notre Père en prenant le temps de laisser résonner chaque mot en moi.

COMMENTAIRE

Les signes du Royaume

Luc 21, 29-33

Dans le contexte du chapitre 21 de l'évangile de Luc, l'image du figuier nous invite à rechercher les indices de maturation dans notre vie et celle d'autrui, et à envisager les épreuves et les bouleversements comme les signes avant-coureurs du Royaume et de la rencontre avec Dieu. Jean (cf. Jn 16, 21-23) et Paul (cf. Rm 8, 22-23), quant à eux, parlent de cette réalité comme de douleurs d'enfantement. Implorons donc les dons d'une espérance persévérante et d'un regard attentif à ce que notre réalité recèle de potentialités. ■

Emmanuelle Billoteau, ermite

SAMEDI 29 NOVEMBRE 2025

34ᴱ SEMAINE DU TEMPS ORDINAIRE COULEUR LITURGIQUE : VERT

Temps ordinaire, *suggestion d'oraisons et d'antiennes n° 25*
ou **bienheureuse Vierge Marie,** *voir p. 70*

Antienne d'ouverture

Je suis le salut de mon peuple, dit le Seigneur, dans toutes les épreuves, s'il crie vers moi, je l'exaucerai ; je serai son Seigneur pour toujours.

Prière

Seigneur Dieu, tu as voulu que toute la loi de sainteté consiste à t'aimer et à aimer son prochain : donne-nous de garder tes commandements, et de parvenir ainsi à la vie éternelle. Par Jésus… ***— Amen.***

Lecture

du livre du prophète Daniel (7, 15-27)

« La royauté, la domination et la puissance sont données au peuple des saints du Très-Haut »

Moi, Daniel, j'avais l'esprit angoissé, car les visions que j'avais me bouleversaient. Je m'approchai de l'un de ceux qui entouraient le Trône, et je l'interrogeai sur la vérité de tout cela. Il me répondit et me révéla l'interprétation : « Ces bêtes énormes, au nombre de quatre, ce sont quatre rois qui surgiront de la terre. Mais ce sont les saints du Très-Haut qui recevront la royauté et la posséderont pour toute l'éternité. » Puis je l'interrogeai sur la quatrième bête, qui était différente

de toutes les autres, cette bête terriblement puissante, avec ses dents de fer et ses griffes de bronze, qui dévorait, déchiquetait et piétinait tout ce qui restait. Je l'interrogeai sur les dix cornes de sa tête, et sur cette corne qui lui avait poussé en faisant tomber les trois autres devant elle – cette corne qui avait des yeux, et une bouche qui tenait des propos délirants – cette corne qui était plus imposante que les autres. Je l'avais vue faire la guerre aux saints et l'emporter sur eux, jusqu'à la venue du Vieillard qui avait prononcé le jugement en faveur des saints du Très-Haut, et le temps était arrivé où les saints avaient pris possession de la royauté. À ces questions, il me fut répondu : « La quatrième bête, c'est un quatrième royaume sur la terre, qui sera différent de tous les royaumes. Il dévorera toute la terre, la piétinera et l'écrasera. Les dix cornes, ce sont dix rois qui surgiront de ce royaume-là. Un autre roi surgira ensuite ; il sera différent des précédents, et il renversera trois rois. Il prononcera des paroles hostiles au Très-Haut, il persécutera les saints du Très-Haut, et il entreprendra de changer la date des fêtes et la Loi. Les saints seront livrés à son pouvoir pendant un temps, des temps, et la moitié d'un temps. Puis le tribunal siégera, et la domination sera enlevée à ce royaume, qui sera détruit et totalement anéanti. La royauté, la domination et la puissance de tous les royaumes de la terre sont données au peuple des saints du Très-Haut. Sa royauté est une royauté éternelle*, et tous les empires le serviront et lui obéiront. »

– Parole du Seigneur.

Cantique Daniel 3, 82, 83, 84, 85, 86, 87

℟ ***À lui, haute gloire, louange éternelle !***

Et vous, les enfants des hommes,
bénissez le Seigneur. ℟

Toi, Israël, bénis le Seigneur. ℟

Et vous, les prêtres, bénissez le Seigneur. ℟

Vous, ses serviteurs, bénissez le Seigneur. ℟

Les esprits et les âmes des justes,
bénissez le Seigneur. ℟

Les saints et les humbles de cœur,
bénissez le Seigneur. ℟

Acclamation de l'Évangile

Alléluia. Alléluia. Restez éveillés et priez en tout temps : ainsi vous pourrez vous tenir debout devant le Fils de l'homme. ***Alléluia.***

Évangile de Jésus Christ

selon saint Luc (21, 34-36)

« Restez éveillés et priez en tout temps : ainsi vous aurez la force d'échapper à tout ce qui doit arriver »

En ce temps-là, Jésus disait à ses disciples : « Tenez-vous sur vos gardes, de crainte que votre cœur ne s'alourdisse dans les beuveries, l'ivresse et les soucis de la vie, et que ce jour-là ne tombe sur vous à l'improviste comme un filet ; il s'abattra, en effet, sur tous les habitants de la terre entière. Restez éveillés et priez en tout temps :

ainsi vous aurez la force d'échapper à tout ce qui doit arriver, et de vous tenir debout devant le Fils de l'homme. »

Prière sur les offrandes

Reçois favorablement, nous t'en prions, Seigneur, les dons présentés par ton peuple : que tous obtiennent par tes sacrements ce qu'ils proclament dans la ferveur de la foi. Par le Christ, notre Seigneur. — ***Amen.***

Antienne de la communion

Toi, tu promulgues des préceptes
à observer entièrement.
Puissent mes voies s'affermir
à observer tes commandements !
(Ps 118, 4-5)

OU

Je suis le bon pasteur, dit le Seigneur,
je connais mes brebis,
et mes brebis me connaissent.
(Jn 10, 14)

Prière après la communion

Dans ta bonté, Seigneur, fais que ton aide soutienne toujours ceux que tu as nourris de tes sacrements, afin qu'ils puissent, dans ces mystères et par toute leur vie, recueillir les fruits de la rédemption. Par le Christ, notre Seigneur. — ***Amen.***

INVITATION

C'est demain le début du temps de l'Avent : pourquoi ne pas m'y préparer en allant recevoir la miséricorde de Dieu dans la confession ?

COMMENTAIRE

À vos gardes, prêts! Luc 21, 34-36

Jésus invite à se tenir sur ses gardes, non pas d'abord en fonction d'un danger extérieur mais d'une propension intérieure au sommeil de l'esprit. Un sommeil qui nous fait oublier que ce monde passe et que notre vie est orientée vers la rencontre avec le Fils de l'homme dont la venue relève de l'inattendu. Les « beuveries », « l'ivresse » et les « soucis de la vie », qui occultent notre relation à Dieu et nous rendent absents à nous-mêmes, nous étant présentés ici comme un lieu de vigilance. ■

***Emmanuelle Billoteau**, ermite*

✻ CLÉ DE LECTURE

« Une royauté éternelle » Daniel 7, 27 *(p. 211)*

Au moment où la révolte juive victorieuse contraint le roi grec Antiochus IV à la fuir, le livre de Daniel appelle à une espérance indéfectible (164 av. J.-C.). Dans le langage codé de l'apocalyptique, les quatre bêtes peuvent représenter les pouvoirs successifs des Babyloniens, des Mèdes, des Perses et enfin des Grecs successeurs d'Alexandre le Grand. L'auteur ne pouvait prévoir l'avancée des troupes romaines un siècle plus tard. Mais en 70 ap. J.-C., l'armée de Titus détruira le Temple et saccagera Jérusalem. Luc évoque la vision de Daniel, l'actualise et ouvre une espérance plus grande encore; elle est offerte à ceux qui, dans l'histoire, accepteront de veiller dans la prière et de se tenir debout, attendant sans relâche la venue du règne de Dieu. ■

***Roselyne Dupont-Roc**, bibliste*

DIMANCHE 30 NOVEMBRE 2025

1ER DIMANCHE DE L'AVENT

ANNÉE A – COULEUR LITURGIQUE : VIOLET

« Tenez-vous donc prêts, vous aussi. »
Matthieu 24, 44

© Marion Duval

C'est l'heure. Venez ! Ne manquons pas ce nouveau départ. Avec l'Avent, une nouvelle année liturgique s'ouvre. Ces prochaines semaines nous conduisent vers Noël et nous rappellent que le Seigneur reviendra. En pèlerins d'espérance, réveillons notre ardeur, allons à la rencontre de celui qui vient chez nous. Que cette célébration nous aide à goûter à la joie du ciel.

RITES INITIAUX

Chant d'entrée *(Suggestions p. 261)*
ou ***Antienne d'ouverture***

Vers toi, Seigneur, j'élève mon âme. Mon Dieu, je m'appuie sur toi : épargne-moi la honte ; ne laisse pas triompher mon ennemi. Pour qui espère en toi, pas de honte. (cf. Ps 24, 1-3)

Suggestion de préparation pénitentielle *(ou p. 232)*

Frères et sœurs, pour entrer joyeusement dans le temps de l'Avent, demandons pardon au Seigneur et reconnaissons que nous avons péché.

Seigneur Jésus, toi la lumière, tu dissipes nos nuits. Kyrie, eleison.
— Kyrie, eleison.
Ô Christ, toi la paix pour toutes les nations, tu nous laisses ta paix. Christe, eleison.
— Christe, eleison.
Seigneur, toi qui es celui qui vient, tu annonces ton heure. Kyrie eleison.
— Kyrie, eleison.

Que Dieu tout-puissant nous fasse miséricorde ; qu'il nous pardonne nos péchés et nous conduise à la vie éternelle. ***— Amen.***

Pendant l'Avent, on omet le Gloire à Dieu.

Prière

Donne à tes fidèles, Dieu tout-puissant, la volonté d'aller par les chemins de la justice à la rencontre de celui qui vient, le Christ, afin qu'ils soient admis à sa droite et méritent d'entrer en possession du royaume des Cieux. Par Jésus… **— *Amen.***

LITURGIE DE LA PAROLE

Lecture du livre du prophète Isaïe (2, 1-5)

Le Seigneur rassemble toutes les nations dans la paix éternelle du royaume de Dieu

Parole d'Isaïe, – ce qu'il a vu au sujet de Juda et de Jérusalem. Il arrivera dans les derniers jours que la montagne de la maison du Seigneur se tiendra plus haut que les monts, s'élèvera au-dessus des collines. Vers elle afflueront toutes les nations et viendront des peuples nombreux. Ils diront : « Venez ! montons à la montagne du Seigneur, à la maison du Dieu de Jacob ! Qu'il nous enseigne ses chemins, et nous irons par ses sentiers. » Oui, la loi sortira de Sion, et de Jérusalem, la parole du Seigneur.

Il sera juge entre les nations et l'arbitre de peuples nombreux. De leurs épées, ils forgeront des socs, et de leurs lances, des faucilles. Jamais nation contre nation ne lèvera l'épée ; ils n'apprendront plus la guerre. Venez, maison de Jacob ! Marchons à la lumière du Seigneur. – Parole du Seigneur.

Psaume 121 (122)

℟ ***Dans la joie, nous irons à la maison du Seigneur.***

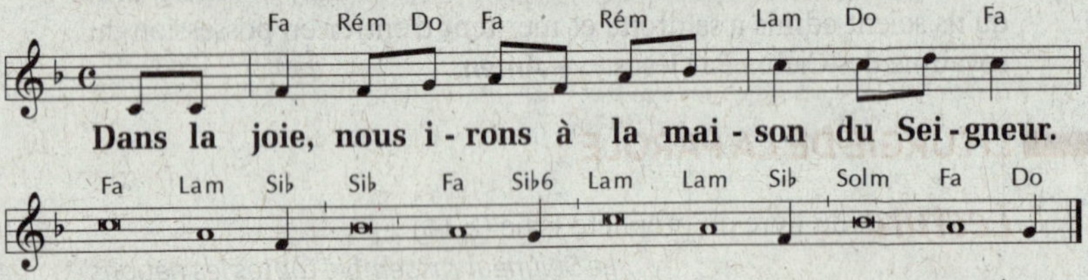

T. : AELF ; M. : M. Wackenheim ; Éd. : ADF.

Quelle joie quand on m'a dit :
« Nous irons à la maison du Seigneur ! »
Maintenant notre marche prend fin
devant tes portes, Jérusalem ! ℟

Jérusalem, te voici dans tes murs :
ville où tout ensemble ne fait qu'un !
C'est là que montent les tribus,
les tribus du Seigneur. ℟

C'est là qu'Israël doit rendre grâce
au nom du Seigneur.
C'est là le siège du droit,
le siège de la maison de David. ℟

Écoutez ce psaume sur
www.prionseneglise.fr/
messe-du-dimanche

Appelez le bonheur sur Jérusalem :
« Paix à ceux qui t'aiment !
Que la paix règne dans tes murs,
le bonheur dans tes palais ! » ℟

À cause de mes frères et de mes proches,
je dirai : « Paix sur toi ! »
À cause de la maison du Seigneur notre Dieu,
je désire ton bien. ℟

Lecture de la lettre de saint Paul apôtre aux Romains (13, 11-14a)

« Le salut est plus près de nous »

Frères, vous le savez : c'est le moment, l'heure est déjà venue de sortir de votre sommeil. Car le salut est plus près de nous maintenant qu'à l'époque où nous sommes devenus croyants. La nuit est bientôt finie, le jour est tout proche. Rejetons les œuvres des ténèbres, revêtons-nous des armes de la lumière. Conduisons-nous honnêtement, comme on le fait en plein jour, sans orgies ni beuveries, sans luxure ni débauches, sans rivalité ni jalousie, mais revêtez-vous du Seigneur Jésus Christ.

– Parole du Seigneur.

Acclamation de l'Évangile

Alléluia. Alléluia. Fais-nous voir, Seigneur, ton amour, et donne-nous ton salut. ***Alléluia.***

U 63-87; M. : P. Robert; Bayard.

Évangile de Jésus Christ selon saint Matthieu (24, 37-44)

Veillez pour être prêts

En ce temps-là, Jésus disait à ses disciples : « Comme il en fut aux jours de Noé, ainsi en sera-t-il lors de la venue du Fils de l'homme. En ces jours-là, avant le déluge, on mangeait et on buvait, on prenait femme et on prenait mari, jusqu'au jour où Noé entra dans l'arche ; les gens ne se sont doutés de rien, jusqu'à ce que survienne le déluge qui les a tous engloutis : telle sera aussi la venue du Fils de l'homme. Alors deux hommes seront aux champs :

l'un sera pris, l'autre laissé. Deux femmes seront au moulin en train de moudre : l'une sera prise, l'autre laissée. Veillez donc, car vous ne savez pas quel jour votre Seigneur vient. Comprenez-le bien : si le maître de maison avait su à quelle heure de la nuit le voleur viendrait, il aurait veillé et n'aurait pas laissé percer le mur de sa maison. Tenez-vous donc prêts, vous aussi : c'est à l'heure où vous n'y penserez pas que le Fils de l'homme viendra. »

Homélie

Profession de foi (p. 235)

Suggestion de prière universelle

Le prêtre :

À travers la prière, nous veillons en attendant la venue du Seigneur. Supplions Dieu le Père pour tous nos frères et sœurs.

℟ ***Sur la terre des hommes, fais briller, Seigneur, ton amour.***

Bayard Liturgie; M. : M. Wackenheim.

℟ ***Sur la terre des hommes, fais briller, Seigneur, ton amour.***

Le diacre ou un lecteur :

L'Église entre dans une nouvelle année liturgique. Pour qu'elle enseigne à tous les chemins du vrai bonheur, et principalement aux jeunes, Seigneur, nous te prions. ℟

Avec le mouvement pour la paix Pax Christi, qui fête ses 80 ans cette année, prions pour que les grands de ce monde cherchent le bien commun. Pour le bonheur de tous, Seigneur, nous te prions. ℟

À l'approche de Noël, les malades et les exclus vivant en marge de la société cherchent du réconfort. Pour que le temps de l'Avent les console, Seigneur, nous te prions. ℟

La foi au Christ doit prendre forme en des gestes concrets au quotidien. Pour que tous les baptisés osent témoigner de ton amour, Seigneur, nous te prions. ℟

(Ces intentions seront adaptées ou modifiées selon les circonstances. On peut aussi s'inspirer de l'intention universelle du Saint-Père, p. 6.)

Le prêtre : Dieu notre Père, entends notre prière pour tous les hommes et daigne l'exaucer. Par Jésus le Christ, notre Seigneur. – ***Amen.***

LITURGIE EUCHARISTIQUE

Prière sur les offrandes

Nous t'offrons, Seigneur, ces dons prélevés sur les bienfaits reçus de toi : nous t'en prions, accueille-les ; puisse la célébration fervente, que

tu nous donnes d'accomplir dans le temps présent, nous obtenir la rédemption éternelle. Par le Christ, notre Seigneur.
— Amen.

Prière eucharistique *(1re préface de l'Avent)*

Vraiment, il est juste et bon, pour ta gloire et notre salut, de t'offrir notre action de grâce, toujours et en tout lieu, Seigneur, Père très saint, Dieu éternel et tout-puissant, par le Christ, notre Seigneur. Car il est déjà venu, en assumant l'humble condition de notre chair, pour accomplir l'éternel dessein de ton amour et nous ouvrir à jamais le chemin du salut; il viendra de nouveau, revêtu de sa gloire, afin que nous possédions dans la pleine lumière les biens que tu nous as promis et que nous attendons en veillant dans la foi. C'est pourquoi, avec les anges et les archanges, avec les puissances d'en haut et tous les esprits bienheureux, nous chantons l'hymne de ta gloire et sans fin nous proclamons : ***Saint ! Saint ! Saint...***

Chant de communion

(Suggestions p. 261)

OU

Antienne de la communion

Le Seigneur donnera ses bienfaits,
et notre terre donnera son fruit.
(Ps 84, 13)

Prière après la communion

Nous t'en prions, Seigneur, fais fructifier en nous les mystères que nous avons célébrés : tandis que nous marchons dans ce monde qui passe, tu nous enseignes par eux à aimer dès maintenant les biens du ciel, et à nous attacher à ceux qui demeurent. Par le Christ, notre Seigneur. — ***Amen.***

RITE DE CONCLUSION

Bénédiction solennelle

Vous croyez que le Fils unique de Dieu est déjà venu, et vous attendez qu'il vienne de nouveau ; à la clarté de son avènement, que Dieu tout-puissant, dans sa miséricorde, vous sanctifie et vous comble de sa bénédiction. — ***Amen.***

Dans le combat de cette vie, qu'il rende ferme votre foi, joyeuse, votre espérance, efficace, votre charité. — ***Amen.***

La venue prochaine de notre Rédempteur selon la chair vous procure déjà une joie spirituelle ; lors de son avènement dans la gloire, qu'il vous donne la récompense de la vie éternelle. — ***Amen.***

Et que la bénédiction de Dieu tout-puissant, le Père, et le Fils, ✠ et le Saint-Esprit, descende sur vous et y demeure toujours.

— ***Amen.***

Envoi

COMMENTAIRE DU DIMANCHE

Benoît Gschwind, évêque de Pamiers

Pèlerins d'espérance !

L'année 2025 aura été marquée par le temps du jubilé que chacun de nous aura vécu d'une manière ou d'une autre. Le pape François nous avait invités à être pèlerins d'espérance. Le jubilé se terminera dans quelques semaines, mais aujourd'hui commence le temps de l'Avent, un temps qui nous appelle chaque année à être des pèlerins d'espérance et à préparer nos cœurs à la venue du Fils de l'homme. Un temps qui nous invite à être des veilleurs, des guetteurs, des réveilleurs d'espérance ! Être veilleur, c'est d'une certaine manière accepter de ne pas baisser les bras, pour être témoin du jour qui arrive, pour dire à temps et à contretemps, aux dormeurs comme aux insomniaques, à ceux qui attendent et à ceux qui n'attendent plus rien, qu'un autre temps arrive. Entrer dans l'Avent, c'est entrer dans la •••

••• vigilance, dans l'heure des veilleurs qui risquent le pas suivant pour traverser la nuit et naître au grand jour. Sommes-nous prêts à nous arracher à nos torpeurs et à notre sommeil, à nos léthargies et à nos lenteurs ? Sommes-nous prêts, comme nous y invite l'Apôtre Paul, à nous revêtir pour le combat de la lumière ? Attendre Dieu chaque jour, le chercher au cœur même du monde et au secret de notre vie, voilà aussi à quoi le temps de l'Avent nous appelle. Nous ne savons ni le jour ni l'heure, mais nous savons qu'il est déjà là, qu'il est venu, qu'il reviendra ! Confiance, Dieu arrive ! Il se fait pèlerin avec nous !

L'Avent pourrait être un bon moment pour commencer
à me demander comment j'ai vécu le temps du jubilé :
qu'est ce qui m'a le plus transformé, fait grandir pendant
cette année jubilaire ?
Qu'ai-je envie de demander à Dieu au début
de ce temps de l'Avent ? ■

Prions en Église junior

LIRE L'ÉVANGILE AVEC LES ENFANTS

CE QUE JE DÉCOUVRE

On préfère parfois aller jouer avec les copains plutôt que de faire ses devoirs. Au temps de Noé, les gens étaient comme ça : ils pensaient à manger et à boire, sans se douter que le déluge allait arriver... Sauf Noé qui, en gardant un cœur attentif, a entendu l'avertissement de Dieu, puis construit l'arche. Dans cet évangile, **Jésus nous demande de rester éveillés et de préparer notre cœur,** comme Noé a préparé l'arche, **pour accueillir le Fils de Dieu dans la nuit de Noël**.

CE QUE JE VIS

Quels amis aimes-tu recevoir ?
Comment prépares-tu leur venue ?
Jésus est-il pour toi un ami ? Comment prépares-tu sa venue ?
Pense aux personnes qui ont besoin de ton attention aujourd'hui. Et confie-les à Dieu.

Texte : Patricia Metzger. Illustrations : Marcelino Truong

MÉDITATION BIBLIQUE
1ER DIMANCHE DE L'AVENT
Livre du prophète Isaïe 2, 1-5

Vers la paix et l'unité

La maison du Seigneur est un lieu d'unité, un point de rencontre de tous les désarmés.

Le temps de la préparation

« Quelle joie quand on m'a dit : "Nous irons à la maison du Seigneur !" Maintenant notre marche prend fin devant tes portes, Jérusalem ! Jérusalem, te voici dans tes murs : ville où tout ensemble ne fait qu'un ! » (Ps 121, 1-3)

Le temps de l'observation

Le prophète Isaïe fait le récit des derniers jours. Il raconte qu'à ce moment, les nations afflueront vers Jérusalem et y reconnaîtront la maison de Dieu. Ce qui frappe dans ce récit, ce n'est pas tant que les nations vont vers Jérusalem, mais qu'elles montent vers l'unité et la paix. Voilà donc le récit de la fin de l'histoire et cela se résume en quelques mots : « Jamais nation contre nation ne lèvera l'épée ; ils n'apprendront plus la guerre. » Selon le prophète, l'humanité marche vers la rencontre fraternelle et désarmée. Au-delà des images et des considérations sur la fin des temps et de l'histoire, ce récit raconte plutôt la finalité de l'humanité. L'être humain n'est pas fait pour la guerre ni la division, il est fait pour la paix et l'unification. Non pas une paix individuelle qui serait un confort personnel ou une mise à l'écart en réaction aux vicissitudes du monde, mais une paix partagée, construite avec d'autres.

Le temps de la méditation

La parole d'Isaïe peut déboussoler si on la considère comme un rêve niais alors même que le texte vise l'inverse : nous orienter vers ce qui est la réalisation de l'humanité. Cette image d'un accomplissement sert de boussole et de repère. À partir de là, de nouvelles questions peuvent surgir : comment faire pour rejoindre la Jérusalem décrite ? Que mettre en place dès aujourd'hui pour ne pas perdre une minute ? Au début de l'Avent, ce texte nous apprend à orienter notre attente. L'espérance ne consiste pas à attendre. Elle consiste au contraire à tenir un point à l'horizon et à garder le cap pour y parvenir. D'ici Noël, nous pourrons expérimenter ce que signifie espérer. L'avenir se construit, une fête se prépare, la réalisation de ce que l'on porte de cher en nous demande que l'on en prenne soin. L'Avent est ainsi un mélange subtil d'accueil et d'engagement, de conviction reçue et de participation personnelle.

Le temps de la prière

« À cause de la maison
du Seigneur notre Dieu,
je désire ton bien. »
(Ps 121, 9) ■

Marie-Laure Durand, bibliste

LA VIE EN PHOTO

180 ANS DE LA SOCIÉTÉ PROTECTRICE DES ANIMAUX (SPA)

L'œil bien ouvert

Garder l'œil. L'œil bien ouvert. Le garder ainsi pour mieux regarder.
Garder l'œil ouvert, celui du côté cœur, car l'œil est la lampe
du corps.
Il est un chien qui veille depuis son sommeil et ce pourrait être aussi
ce qu'il attend de nous, de nous autres, êtres humains : veiller à ne point
les abandonner et garder l'œil sur ce qui pourrait les menacer.
Il est un chat qui fixe, qui se dresse et fixe, prompt à filer sur une cible
identifiée, et ce pourrait être aussi ce qu'il attend de nous, de nous autres,
êtres humains : être prêts à agir, vifs et clairs, pour protéger la vie
quand elle est menacée.
Il est une jeune femme aussi, 180 ans d'âge et si jeune en son âme,
une jeune SPA qui nous enseigne ce que veut dire aimer la vie : l'œil ouvert
du canin qui ne peut dormir, les deux yeux fixes du félin qui désire agir,
et par-dessus tout, la tendresse d'un regard qui s'exprime
jusque dans la caresse de ses bras.
Gardons l'œil, l'œil bien ouvert, depuis ce lieu de la vie en nous
qui sait donner soin à la vie elle-même. ■

Thierry Lemoine, *poète*

« La lampe du corps, c'est l'œil. » Matthieu 6, 22

Refuge de Saint-Omer (62) de la Société protectrice des animaux (SPA).
Photo : Sébastien Jarry / MaxPPP

Liturgie de la messe

RITES INITIAUX

Le chant d'entrée achevé, le prêtre et les fidèles, debout, font le signe de la croix, tandis que le prêtre, tourné vers le peuple, dit :

Au nom du Père, et du Fils, et du Saint-Esprit.

Le peuple répond :

— Amen.

Salutation

La grâce de Jésus, le Christ, notre Seigneur, l'amour de Dieu le Père, et la communion de l'Esprit Saint soient toujours avec vous.

— Et avec votre esprit.

Ou bien : Que la grâce et la paix de Dieu notre Père et du Seigneur Jésus, le Christ, soient toujours avec vous.

— Et avec votre esprit.

Ou bien : Le Seigneur soit avec vous.

— Et avec votre esprit.

Acte pénitentiel

Frères et sœurs, préparons-nous à célébrer le mystère de l'eucharistie, en reconnaissant que nous avons péché.

(1) Je confesse à Dieu tout-puissant, je reconnais devant vous, frères et sœurs, que j'ai péché en pensée, en parole, par action et par omission ; oui, j'ai vraiment péché. C'est pourquoi je supplie la bienheureuse Vierge Marie, les anges et tous les saints, et vous aussi, frères et sœurs, de prier pour moi le Seigneur notre Dieu.

(2) Prends pitié de nous, Seigneur. — ***Nous avons péché contre toi.***
Montre-nous, Seigneur, ta miséricorde. — ***Et donne-nous ton salut.***

(3) Seigneur Jésus, envoyé pour guérir les cœurs qui reviennent vers toi :
Seigneur, prends pitié. — ***Seigneur, prends pitié.***
Ô Christ, venu appeler les pécheurs : ô Christ, prends pitié.
— ***Ô Christ, prends pitié.***
Seigneur, qui sièges à la droite du Père où tu intercèdes pour nous :
Seigneur, prends pitié. — ***Seigneur, prends pitie.***

Que Dieu tout-puissant nous fasse miséricorde ; qu'il nous pardonne nos péchés et nous conduise à la vie éternelle. — ***Amen.***

Ensuite, on chante ou on dit le Kyrie eleison (Seigneur, prends pitié), à moins qu'il n'ait été déjà employé dans une formule de l'acte pénitentiel (c'est le cas de la précédente).

Kyrie, eleison. — ***Kyrie, eleison.***
Christe, eleison. — ***Christe, eleison.***
Kyrie, eleison. — ***Kyrie, eleison.***
ou bien : Seigneur, prends pitié. — ***Seigneur, prends pitié.***
Ô Christ, prends pitié. — ***Ô Christ, prends pitié.***
Seigneur, prends pitié. — ***Seigneur, prends pitié.***

Gloire à Dieu

Gloire à Dieu, au plus haut des cieux, et paix sur la terre aux hommes, qu'il aime. Nous te louons, nous te bénissons, nous t'adorons, nous te glorifions, nous te rendons grâce, pour ton immense gloire, Seigneur Dieu, Roi du ciel, Dieu le Père tout-puissant.
Seigneur, Fils unique, Jésus Christ, Seigneur Dieu,
Agneau de Dieu, le Fils du Père;
toi qui enlèves les péchés du monde, prends pitié de nous;
toi qui enlèves les péchés du monde, reçois notre prière;
toi qui es assis à la droite du Père, prends pitié de nous.
Car toi seul es Saint, toi seul es Seigneur, toi seul es le Très-Haut :
Jésus Christ, avec le Saint-Esprit dans la gloire de Dieu le Père. Amen.

Gloria in excelsis Deo et in terra pax hominibus bonæ voluntatis. Laudamus te, benedicimus te, adoramus te, glorificamus te, gratias agimus tibi propter magnam gloriam tuam, Domine Deus, Rex cælestis, Deus Pater omnipotens. Domine Fili unigenite, Iesu Christe, Domine Deus, Agnus Dei, Filius Patris, qui tollis peccata mundi, miserere nobis; qui tollis peccata mundi, suscipe deprecationem nostram. Qui sedes ad dexteram Patris, miserere nobis.
Quoniam tu solus Sanctus, tu solus Dominus, tu solus Altissimus,
Iesu Christe, cum Sancto Spiritu : in gloria Dei Patris. Amen.

Prière d'ouverture

Voir à la date du jour.

LITURGIE DE LA PAROLE

Voir à la date du jour.

Profession de foi

Symbole de Nicée-Constantinople

Je crois en un seul Dieu, le Père tout-puissant,
créateur du ciel et de la terre, de l'univers visible et invisible.
Je crois en un seul Seigneur, Jésus Christ, le Fils unique de Dieu,
né du Père avant tous les siècles : il est Dieu, né de Dieu,
lumière née de la lumière, vrai Dieu, né du vrai Dieu,
engendré, non pas créé, consubstantiel au Père, et par lui tout a été fait.
Pour nous les hommes, et pour notre salut, il descendit du ciel ;
par l'Esprit Saint, il a pris chair de la Vierge Marie, et s'est fait homme.
Crucifié pour nous sous Ponce Pilate,
il souffrit sa passion et fut mis au tombeau.
Il ressuscita le troisième jour, conformément aux Écritures,
et il monta au ciel ; il est assis à la droite du Père.
Il reviendra dans la gloire, pour juger les vivants et les morts ;
et son règne n'aura pas de fin.
Je crois en l'Esprit Saint, qui est Seigneur et qui donne la vie ;
il procède du Père et du Fils ; avec le Père et le Fils,
il reçoit même adoration et même gloire ; il a parlé par les prophètes.
Je crois en l'Église, une, sainte, catholique et apostolique.
Je reconnais un seul baptême pour le pardon des péchés.
J'attends la résurrection des morts, et la vie du monde à venir. Amen.

Credo in unum Deum, Patrem omnipotentem,
Factorem cæli et terræ, visibilium omnium et invisibilium.
Et in unum Dominum Iesum Christum, Filium Dei unigenitum,
et ex Patre natum ante omnia sæcula.
Deum de Deo, lumen de lumine, Deum verum de Deo vero, genitum,
non factum, consubstantialem Patri : per quem omnia facta sunt.
Qui propter nos homines et propter nostram salutem descendit de cælis.
Et incarnatus est de Spiritu Sancto ex Maria Virgine, et homo factus est.
Crucifixus etiam pro nobis sub Pontio Pilato ;
passus et sepultus est, et resurrexit tertia die, secundum Scripturas,
et ascendit in cælum, sedet ad dexteram Patris.
Et iterum venturus est cum gloria, iudicare vivos et mortuos,
cuius regni non erit finis.
Et in Spiritum Sanctum, Dominum et vivificantem :
qui ex Patre Filioque procedit.
Qui cum Patre et Filio simul adoratur et conglorificatur :
qui locutus est per prophetas.
Et unam, sanctam, catholicam et apostolicam Ecclesiam.
Confiteor unum baptisma in remissionem peccatorum.
Et exspecto resurrectionem mortuorum, et vitam venturi sæculi.
Amen.

Symbole des Apôtres

Je crois en Dieu, le Père tout-puissant, créateur du ciel et de la terre.
Et en Jésus Christ, son Fils unique, notre Seigneur,
qui a été conçu du Saint-Esprit, est né de la Vierge Marie,
a souffert sous Ponce Pilate, a été crucifié, est mort et a été enseveli,
est descendu aux enfers, le troisième jour est ressuscité des morts,
est monté aux cieux, est assis à la droite de Dieu le Père tout-puissant,
d'où il viendra juger les vivants et les morts.
Je crois en l'Esprit Saint, à la sainte Église catholique,
à la communion des saints, à la rémission des péchés;
à la résurrection de la chair, à la vie éternelle. Amen.

Prière universelle

LITURGIE EUCHARISTIQUE

Préparation des dons

Tu es béni, Seigneur, Dieu de l'univers : nous avons reçu de ta bonté le pain
que nous te présentons, fruit de la terre et du travail des hommes;
il deviendra pour nous le pain de la vie. ***— Béni soit Dieu, maintenant et toujours !***

Comme cette eau se mêle au vin pour le sacrement de l'Alliance,
puissions-nous être unis à la divinité de celui qui a voulu prendre notre humanité.

Tu es béni, Seigneur, Dieu de l'univers : nous avons reçu de ta bonté le vin
que nous te présentons, fruit de la vigne et du travail des hommes;
il deviendra pour nous le vin du Royaume éternel.
— Béni soit Dieu, maintenant et toujours !

Le cœur humble et contrit, nous te supplions, Seigneur, accueille-nous : que notre sacrifice, en ce jour, trouve grâce devant toi, Seigneur notre Dieu. Lave-moi de mes fautes, Seigneur, et purifie-moi de mon péché.

Prière sur les offrandes

Priez, frères et sœurs : que mon sacrifice, qui est aussi le vôtre, soit agréable à Dieu le Père tout-puissant.

— Que le Seigneur reçoive de vos mains ce sacrifice à la louange et à la gloire de son nom, pour notre bien et celui de toute l'Église.

Ou bien :

Prions ensemble, au moment d'offrir le sacrifice de toute l'Église.

— Pour la gloire de Dieu et le salut du monde.

Prière eucharistique

Le Seigneur soit avec vous. ***— Et avec votre esprit.***

Élevons notre cœur. ***— Nous le tournons vers le Seigneur.***

Rendons grâce au Seigneur notre Dieu. ***— Cela est juste et bon.***

Préfaces

5e préface des dimanches

La Création

Vraiment, il est juste et bon, pour ta gloire et notre salut, de t'offrir notre action de grâce, toujours et en tout lieu, Seigneur, Père très saint, Dieu éternel et tout-puissant. Toi, le Créateur de tous les éléments du monde, Maître des temps et de l'histoire, tu as formé l'homme à ton image et lui as soumis l'univers et ses merveilles ; tu lui as confié ta création afin qu'il en soit le gardien et qu'en admirant ton œuvre il ne cesse de te rendre grâce, par le Christ, notre Seigneur. C'est pourquoi nous te louons avec tous les anges et, dans la joie, nous te célébrons en proclamant :

Saint ! Saint ! Saint...

1re préface commune

Récapitulation de toutes choses dans le Christ

Vraiment, il est juste et bon, pour ta gloire et notre salut, de t'offrir notre action de grâce, toujours et en tout lieu, Seigneur, Père très saint, Dieu éternel et tout-puissant, par le Christ, notre Seigneur. En lui tu as voulu récapituler toutes choses, et tu nous as fait partager la vie qu'il possède en plénitude. Lui qui est de condition divine, il s'est anéanti pour donner au monde la paix par le sang de sa croix ; élevé au-dessus de toute créature, il est devenu pour tous ceux qui lui obéissent la cause du salut éternel. C'est pourquoi, avec les anges et les archanges, avec les puissances d'en haut et tous les esprits bienheureux, nous chantons l'hymne de ta gloire et sans fin nous proclamons :

Saint ! Saint ! Saint...

2e préface commune

Le salut par le Christ

Vraiment, il est juste et bon, pour ta gloire et notre salut, de t'offrir notre action de grâce, toujours et en tout lieu, Seigneur, Père très saint, Dieu éternel et tout-puissant. Dans ta bonté, tu as créé l'homme ; et, comme il avait mérité la condamnation, tu l'as racheté dans ta miséricorde, par le Christ, notre Seigneur. Par lui, les anges célèbrent ta grandeur, et les esprits bienheureux adorent ta gloire ; par lui s'inclinent devant toi les puissances d'en haut, et tressaillent d'une

même allégresse les innombrables créatures des cieux. À leur hymne de louange, laisse-nous joindre nos voix pour chanter et proclamer :
Saint ! Saint ! Saint…

2e préface de la Vierge Marie

L'Église loue Dieu avec les paroles de Marie

Vraiment, Père très saint, il est juste et bon, pour ta gloire et notre salut, de te proclamer admirable dans le triomphe de tous les saints, et, plus encore, de dire la grandeur de ta bonté pour fêter la bienheureuse Vierge Marie, en reprenant son cantique d'action de grâce. Oui, tu as fait des merveilles pour la terre entière et tu as étendu ta miséricorde à tous les âges, en choisissant ton humble servante pour donner au monde le Sauveur, ton Fils, le Seigneur Jésus Christ. Par lui, les anges adorent ta majesté et se réjouissent en ta présence à jamais. À leur hymne de louange, laisse-nous joindre nos voix pour chanter et proclamer : ***Saint ! Saint ! Saint…***

1re préface des saints

La gloire des saints

Vraiment, il est juste et bon, pour ta gloire et notre salut, de t'offrir notre action de grâce, toujours et en tout lieu, Seigneur, Père très saint, Dieu éternel et tout-puissant. Car tu es glorifié dans l'assemblée des saints : lorsque tu couronnes leurs mérites, tu couronnes tes propres dons. Dans leur vie, tu nous procures un modèle, dans la communion avec eux, une famille, et dans leur intercession, un appui ; afin que, soutenus par de si nombreux témoins, nous courions jusqu'au bout l'épreuve qui nous est proposée et recevions avec eux l'impérissable couronne de gloire, par le Christ, notre Seigneur. C'est pourquoi, avec les anges et les archanges, avec la foule immense des saints, nous chantons l'hymne de ta gloire et sans fin nous proclamons : ***Saint ! Saint ! Saint…***

2e préface des saints

Le rôle des saints

Vraiment, il est juste et bon, pour ta gloire et notre salut, de t'offrir notre action de grâce, toujours et en tout lieu, Seigneur, Père très saint, Dieu éternel et tout-puissant, par le Christ, notre Seigneur. Tu ne cesses de fortifier ton Église, et tu lui donnes une fécondité nouvelle par la foi admirable dont témoignent les saints; tu nous présentes en eux des signes très sûrs de ton amour. Et pour que s'accomplissent les mystères du salut, le rayonnement de leur exemple nous stimule, et leur intercession fervente nous assure un appui. C'est pourquoi, avec les anges et tous les saints, nous te louons, Seigneur, et nous exultons de joie en proclamant :

Saint ! Saint ! Saint...

1re préface des Apôtres

Les Apôtres, pasteurs du peuple de Dieu

Vraiment, il est juste et bon, pour ta gloire et notre salut, de t'offrir notre action de grâce, toujours et en tout lieu, Seigneur, Père très saint, Dieu éternel et tout-puissant. Tu n'abandonnes pas ton troupeau, Pasteur éternel, mais tu le gardes par les bienheureux Apôtres sous ta constante protection, pour qu'il soit dirigé par ceux-là mêmes que tu as établis à sa tête comme pasteurs au nom de ton Fils. C'est pourquoi, avec les anges et les archanges, avec les puissances d'en haut et tous les esprits bienheureux, nous chantons l'hymne de ta gloire et sans fin nous proclamons :

Saint ! Saint ! Saint...

1re préface des saints martyrs

Signification et valeur exemplaire du martyre

Vraiment, il est juste et bon, pour ta gloire et notre salut, de t'offrir notre action de grâce, toujours et en tout lieu, Seigneur, Père très saint, Dieu éternel et tout-puissant. Nous reconnaissons un signe éclatant de ta grâce dans le martyre de saint (de sainte, des saints, des saintes) N. ; en répandant son (leur) propre sang comme le Christ, il a (elle a, ils ont, elles ont) glorifié ton nom. C'est ta puissance qui se déploie dans la faiblesse quand tu donnes à des êtres fragiles de te rendre témoignage par le Christ, notre Seigneur. C'est pourquoi, avec les puissances des cieux, nous pouvons te bénir sur la terre et t'adorer sans fin en proclamant : ***Saint ! Saint ! Saint…***

2e préface des saints martyrs

Les merveilles de Dieu dans la victoire des martyrs

Vraiment, il est juste et bon, pour ta gloire et notre salut, de t'offrir notre action de grâce, toujours et en tout lieu, Seigneur, Père très saint, Dieu éternel et tout-puissant. En louant tes saints martyrs, c'est toi que nous exaltons, et leur passion révèle l'œuvre admirable de ta puissance : tu leur donnes, en ta bonté, de croire avec ardeur, de persévérer sans faiblir et de vaincre dans le combat, par le Christ notre Seigneur. C'est pourquoi le ciel et la terre t'adorent ; ils te chantent le cantique nouveau, et nous-mêmes, unissant notre voix à celle des anges, nous t'acclamons : ***Saint ! Saint ! Saint…***

Préface des saints pasteurs

La présence des saints pasteurs dans l'Église

Vraiment, il est juste et bon, pour ta gloire et notre salut, de t'offrir notre action de grâce, toujours et en tout lieu, Seigneur, Père très saint, Dieu éternel et tout-puissant, par le Christ, notre Seigneur. Tu donnes à ton Église de se réjouir en la fête de saint (des saints) N. : par l'exemple qu'il a (qu'ils ont) donné, tu nous encourages, par son (leur) enseignement, tu nous éclaires, à sa (leur) prière, tu veilles sur nous. C'est pourquoi, avec la multitude des anges et des saints, nous chantons l'hymne de ta gloire et sans fin nous proclamons : ***Saint ! Saint ! Saint…***

Préface des saintes vierges, et des saints religieux ou religieuses

Signification de la vie consacrée

Vraiment, il est juste et bon, pour ta gloire et notre salut, de t'offrir notre action de grâce, toujours et en tout lieu, Seigneur, Père très saint, Dieu éternel et tout-puissant. Nous célébrons les prévenances de ton amour pour tant d'hommes et de femmes parvenus à la sainteté en se donnant au Christ à cause du royaume des Cieux. Par ce mystère d'alliance, tu veux que notre condition humaine retrouve sa splendeur première, et que, dès ici-bas, nous ayons un avant-goût des biens que tu nous donneras dans le monde à venir. C'est pourquoi, avec les saints et tous les anges, nous te louons et sans fin nous proclamons :

Saint ! Saint ! Saint,
le Seigneur,
Dieu de l'univers !
Le ciel et la terre
sont remplis de ta gloire.
Hosanna au plus haut des cieux.
Béni soit celui qui vient
au nom du Seigneur.
Hosanna au plus haut des cieux.

Sanctus, Sanctus, Sanctus
Dominus Deus Sabaoth.
Pleni sunt cœli et terra gloria tua.
Hosanna in excelsis.
Benedictus qui venit in nomine Domini.
Hosanna in excelsis.

• *Prière eucharistique* **1**
« Toi, Père très aimant... » .... *p. 244*
• *Prière eucharistique* **2**
« Toi qui es vraiment saint... » .... *p. 248*
• *Prière eucharistique* **3**
« Tu es vraiment saint... » .... *p. 251*
• *Prière eucharistique* **4**
« Père très saint... » .... *p. 254*

Prière eucharistique nº 1

(Préfaces : p. 238)

Toi, Père très aimant, nous te prions et te supplions par Jésus Christ, ton Fils, notre Seigneur, d'accepter et de bénir ✢ ces dons, ces offrandes, sacrifice pur et saint, que nous te présentons avant tout pour ta sainte Église catholique : accorde-lui la paix et protège-la, daigne la rassembler dans l'unité et la gouverner par toute la terre ; nous les présentons en union avec ton serviteur notre pape N., notre évêque N., et tous ceux qui gardent fidèlement la foi catholique reçue des Apôtres.

Souviens-toi, Seigneur, de tes serviteurs et de tes servantes (de N. et de N.), et de tous ceux qui sont ici réunis, dont tu connais la foi et l'attachement. Nous t'offrons pour eux, ou ils t'offrent pour eux-mêmes et tous les leurs ce sacrifice de louange, pour leur propre rédemption, pour la paix, et le salut qu'ils espèrent ; ils te rendent cet hommage, à toi, Dieu éternel, vivant et vrai.

(1) **En semaine :**

• Unis dans une même communion, vénérant d'abord la mémoire de la bienheureuse Marie toujours vierge, Mère de notre Dieu et Seigneur, Jésus Christ, •••

(2) **Le dimanche :**

• Unis dans une même communion, nous célébrons le jour où le Christ est ressuscité d'entre les morts ; et vénérant d'abord la mémoire de la bienheureuse Marie toujours vierge, Mère de notre Dieu et Seigneur, Jésus Christ, •••

(3) **À la Toussaint :**

• Unis dans une même communion, nous célébrons le jour consacré à la mémoire de tous les saints : ils ont imité le Christ pendant leur vie et, à leur mort, ils ont reçu de lui la couronne de gloire ; et vénérant d'abord la mémoire de la bienheureuse Marie toujours Vierge, Mère de notre Dieu et Seigneur, Jésus Christ, •••

••• et celle de saint Joseph, son époux, des bienheureux Apôtres et martyrs Pierre et Paul, André, [Jacques et Jean, Thomas, Jacques et Philippe, Barthélemy et Matthieu, Simon et Jude, Lin, Clet, Clément, Sixte, Corneille et Cyprien, Laurent, Chrysogone, Jean et Paul, Côme et Damien,] et de tous les saints, nous t'en supplions : accorde-nous, par leur prière et leurs mérites, d'être toujours et partout, forts de ton secours et de ta protection. [Par le Christ, notre Seigneur. Amen.]

Voici donc l'offrande que nous présentons devant toi, nous, tes serviteurs, et ta famille entière : Seigneur, dans ta bienveillance, accepte-la. Assure toi-même la paix de notre vie, arrache-nous à la damnation éternelle et veuille nous admettre au nombre de tes élus. [Par le Christ, notre Seigneur. Amen.]

Seigneur Dieu, nous t'en prions, daigne bénir et accueillir cette offrande, accepte-la pleinement, rends-la parfaite et digne de toi : qu'elle devienne pour nous le corps et le sang de ton Fils bien-aimé, Jésus, le Christ, notre Seigneur.

La veille de sa passion, il prit le pain dans ses mains très saintes et, les yeux levés au ciel, vers toi, Dieu, son Père tout-puissant, en te rendant grâce il dit la bénédiction, il rompit le pain, et le donna à ses disciples, en disant : **« Prenez, et mangez en tous** : ceci est mon corps livré pour vous. »

De même, après le repas, il prit cette coupe incomparable dans ses mains très saintes ; et, te rendant grâce à nouveau, il dit la bénédiction, et donna

Prière eucharistique n° 1

la coupe à ses disciples, en disant : « Prenez, et buvez-en tous, car ceci est la coupe de mon sang, le sang de l'Alliance nouvelle et éternelle, qui sera versé pour vous et pour la multitude en rémission des péchés. Vous ferez cela en mémoire de moi. »

(1) Il est grand, le mystère de la foi :
– Nous annonçons ta mort, Seigneur Jésus, nous proclamons ta résurrection, nous attendons ta venue dans la gloire.

(2) Acclamons le mystère de la foi :
– Quand nous mangeons ce pain et buvons à cette coupe, nous annonçons ta mort, Seigneur ressuscité, et nous attendons que tu viennes.

(3) Qu'il soit loué, le mystère de la foi :
– Sauveur du monde, sauve-nous ! Par ta croix et ta résurrection, tu nous as libérés.
ou : Proclamons le mystère de la foi :
– Gloire à toi qui étais mort, gloire à toi qui es vivant, notre Sauveur et notre Dieu : viens, Seigneur Jésus !

Mysterium fidei.
(1) *– Mortem tuam annuntiamus, Domine, et tuam resurrectionem confitemur, donec venias.*

(2) *– Quotiescumque manducamus panem hunc et calicem bibimus, mortem tuam annuntiamus, Domine, donec venias.*

(3) *– Salvator mundi, salva nos, qui per crucem et resurrectionem tuam liberasti nos.*

Voilà pourquoi nous, tes serviteurs, et ton peuple saint avec nous, faisant mémoire de la passion bienheureuse de ton Fils, Jésus, le Christ, notre Seigneur, de sa résurrection du séjour des morts et de sa glorieuse ascension dans le ciel, nous te présentons, Dieu de gloire et de majesté, cette offrande prélevée sur les biens que tu nous donnes, le sacrifice pur et saint, le sacrifice parfait, pain de la vie éternelle et coupe du salut. Et comme il t'a plu d'accueillir les présents de ton serviteur Abel le Juste, le sacrifice d'Abraham, notre père dans la foi, et celui que t'offrit Melkisédek, ton grand prêtre, oblation sainte et immaculée, regarde ces offrandes avec amour et, dans ta bienveillance, accepte-les. Nous t'en supplions, Dieu tout-puissant : qu'elles soient portées par les mains de ton saint Ange en présence de ta gloire, sur ton autel céleste, afin qu'en recevant ici, par notre communion à l'autel, le corps et le sang très saints de ton Fils, nous soyons comblés de la grâce et de toute bénédiction du ciel. [Par le Christ, notre Seigneur. Amen.]

Souviens-toi aussi, Seigneur, de tes serviteurs et de tes servantes (de N. et N.) qui nous ont précédés, marqués du signe de la foi, et qui dorment dans la paix. Pour eux et pour tous ceux qui reposent dans le Christ, nous implorons ta bonté, Seigneur : qu'ils demeurent dans la joie, la lumière et la paix. [Par le Christ, notre Seigneur. Amen.]

Et nous pécheurs, tes serviteurs, qui mettons notre espérance en ta miséricorde inépuisable, admets-nous dans la communauté des saints Apôtres et martyrs, avec Jean Baptiste, Étienne, Matthias et Barnabé, [Ignace, Alexandre, Marcellin et Pierre, Félicité et Perpétue, Agathe, Lucie, Agnès, Cécile, Anastasie,] et tous les saints ; nous t'en prions, accueille-nous dans leur compagnie, sans nous juger sur le mérite mais en accordant largement ton pardon. Par le Christ, notre Seigneur. Par lui, tu ne cesses de créer tous ces biens, tu les sanctifies, leur donnes la vie, les bénis, et nous en fais le don.

Par lui, avec lui et en lui, à toi, Dieu le Père tout-puissant, dans l'unité du Saint-Esprit, tout honneur et toute gloire, pour les siècles des siècles.

— *Amen.*

Vient ensuite le rite de la communion, p. 258.

Prière eucharistique n° 2

(On peut aussi choisir une autre préface.)

Vraiment, Père très saint, il est juste et bon, pour ta gloire et notre salut, de t'offrir notre action de grâce, toujours et en tout lieu, par ton Fils bien-aimé, Jésus, le Christ : il est ta parole par qui tu as créé toutes choses ; c'est lui que tu nous as envoyé comme Rédempteur et Sauveur, Dieu fait homme, conçu de l'Esprit Saint, né de la Vierge Marie. Pour accomplir jusqu'au bout ta volonté et rassembler un peuple saint qui t'appartienne, il étendit les mains à l'heure de sa passion, afin de briser la mort, et de manifester la résurrection. C'est pourquoi, avec les anges et tous les saints, nous chantons ta gloire, et d'une seule voix nous proclamons :

Saint ! Saint ! Saint, le Seigneur,
Dieu de l'univers ! Le ciel et la terre
sont remplis de ta gloire.
Hosanna au plus haut des cieux.
Béni soit celui qui vient
au nom du Seigneur.
Hosanna au plus haut des cieux.

(Voir p. 243 pour la version latine.)

(1) **En semaine :**

• Toi qui es vraiment saint, toi qui es la source de toute sainteté, Seigneur, nous te prions :•••

(2) **Le dimanche :**

• Toi qui es vraiment saint, toi qui es la source de toute sainteté, Dieu notre Père, nous voici rassemblés devant toi, et, dans la communion de toute l'Église, nous célébrons le jour où le Christ est ressuscité d'entre les morts. Par lui que tu as élevé à ta droite, nous te prions : •••

(3) À la Toussaint :

• Toi qui es vraiment saint, toi qui es la source de toute sainteté, Dieu notre Père, nous voici rassemblés devant toi, et, dans la communion de toute l'Église, nous célébrons le jour consacré à la mémoire de tous les saints : ils ont suivi le Christ pendant leur vie : •••

••• Sanctifie ces offrandes en répandant sur elles ton Esprit ; qu'elles deviennent pour nous le corps et ✝ le sang de Jésus, le Christ, notre Seigneur.

Au moment d'être livré et d'entrer librement dans sa passion, il prit le pain, il rendit grâce, il le rompit et le donna à ses disciples, en disant : **« Prenez, et mangez-en tous : ceci est mon corps livré pour vous. »** De même, après le repas, il prit la coupe ; de nouveau il rendit grâce, et la donna à ses disciples, en disant :
« Prenez, et buvez-en tous, car ceci est la coupe de mon sang, le sang de l'Alliance nouvelle et éternelle, qui sera versé pour vous et pour la multitude en rémission des péchés. Vous ferez cela en mémoire de moi. »

(1) Il est grand, le mystère de la foi :
— Nous annonçons ta mort, Seigneur Jésus, nous proclamons ta résurrection, nous attendons ta venue dans la gloire.

(2) Acclamons le mystère de la foi :
— Quand nous mangeons ce pain et buvons à cette coupe, nous annonçons ta mort, Seigneur ressuscité, et nous attendons que tu viennes.

(3) Qu'il soit loué, le mystère de la foi :
— Sauveur du monde, sauve-nous !

Prière eucharistique n° 2

Par ta croix et ta résurrection, tu nous as libérés.
ou: Proclamons le mystère de la foi :
— Gloire à toi qui étais mort, gloire à toi qui es vivant, notre Sauveur et notre Dieu : viens, Seigneur Jésus !
(Voir p. 246 pour la version latine.)

En faisant ainsi mémoire de la mort et de la résurrection de ton Fils, nous t'offrons, Seigneur, le pain de la vie et la coupe du salut, et nous te rendons grâce, car tu nous as estimés dignes de nous tenir devant toi pour te servir. Humblement, nous te demandons qu'en ayant part au corps et au sang du Christ, nous soyons rassemblés par l'Esprit Saint en un seul corps.

Souviens-toi, Seigneur, de ton Église répandue à travers le monde : fais-la grandir dans ta charité en union avec notre pape N., notre évêque N., et tous les évêques, les prêtres et les diacres.

Souviens-toi aussi de nos frères et sœurs qui se sont endormis dans l'espérance de la résurrection, et souviens-toi, dans ta miséricorde, de tous les défunts : accueille-les dans la lumière de ton visage.

Sur nous tous enfin, nous implorons ta bonté : permets qu'avec la Vierge Marie, la bienheureuse Mère de Dieu, avec saint Joseph, son époux, les Apôtres et tous les saints qui ont fait ta joie au long des âges, nous ayons part à la vie éternelle et que nous chantions ta louange et ta gloire, par ton Fils Jésus, le Christ.

Par lui, avec lui et en lui, à toi, Dieu le Père tout-puissant, dans l'unité du Saint-Esprit, tout honneur et toute gloire, pour les siècles des siècles.
— Amen.

Vient ensuite le rite de la communion, p. 258.

Prière eucharistique nº 3

(Préfaces : p. 238)

Tu es vraiment saint, Dieu de l'univers, et il est juste que toute la création proclame ta louange, car c'est toi qui donnes la vie, c'est toi qui sanctifies toutes choses, par ton Fils, Jésus Christ, notre Seigneur, avec la puissance de l'Esprit Saint ; et tu ne cesses de rassembler ton peuple, afin que, du levant au couchant du soleil, une offrande pure soit présentée à ton nom.

(1) **En semaine :**

• C'est pourquoi nous te supplions, Seigneur, de consacrer toi-même les offrandes que nous apportons : •••

(2) **Le dimanche :**

• C'est pourquoi nous voici rassemblés devant toi, Dieu notre Père, et, dans la communion de toute l'Église, nous célébrons le jour où le Christ est ressuscité d'entre les morts. Par lui, que tu as élevé à ta droite, nous te supplions de consacrer toi-même les offrandes que nous apportons : •••

(3) **À la Toussaint :**

• C'est pourquoi nous voici rassemblés devant toi, Dieu notre Père, et, dans la communion de toute l'Église, nous célébrons le jour consacré à la mémoire de tous les saints : ils ont suivi le Christ pendant leur vie et, à leur mort, ils ont reçu de lui la couronne de gloire. Par lui, qui est à l'origine de notre foi et qui la mène à sa perfection, nous te supplions de consacrer toi-même les offrandes que nous apportons : •••

••• Sanctifie-les par ton Esprit pour qu'elles deviennent le corps ✠ et le sang de ton Fils, Jésus Christ, notre Seigneur, qui nous a dit de célébrer ce mystère.

Prière eucharistique n° 3

La nuit même où il fut livré, il prit le pain, en te rendant grâce il dit la bénédiction, il rompit le pain, et le donna à ses disciples, en disant : « **Prenez, et mangez-en tous** : ceci est mon corps livré pour vous. »
De même, après le repas, il prit la coupe ; en te rendant grâce il dit la bénédiction, et donna la coupe à ses disciples, en disant :
« **Prenez, et buvez-en tous,** car ceci est la coupe de mon sang, le sang de l'Alliance nouvelle et éternelle, qui sera versé pour vous et pour la multitude en rémission des péchés. Vous ferez cela en mémoire de moi. »

(1) Il est grand, le mystère de la foi :
— Nous annonçons ta mort, Seigneur Jésus, nous proclamons ta résurrection, nous attendons ta venue dans la gloire.

(2) Acclamons le mystère de la foi :
— Quand nous mangeons ce pain et buvons à cette coupe, nous annonçons ta mort, Seigneur ressuscité,
et nous attendons que tu viennes.

(3) Qu'il soit loué, le mystère de la foi :
— Sauveur du monde, sauve-nous !
Par ta croix et ta résurrection,
tu nous as libérés.
ou : Proclamons le mystère de la foi :
— Gloire à toi qui étais mort,
gloire à toi qui es vivant, notre Sauveur et notre Dieu : viens, Seigneur Jésus !
(Voir p. 246 pour la version latine.)

En faisant ainsi mémoire de ton Fils, de sa passion qui nous sauve, de sa glorieuse résurrection et de son ascension dans le ciel, alors que nous attendons son dernier avènement, nous t'offrons, Seigneur, en action de grâce, ce sacrifice vivant et saint. Regarde, nous t'en prions, l'oblation de ton Église, et daigne y reconnaître ton Fils qui, selon ta volonté, s'est offert en sacrifice pour nous réconcilier avec toi. Quand nous serons nourris de son corps et de son sang, et remplis de l'Esprit Saint, accorde-nous d'être un seul corps et un seul esprit dans le Christ.

Que l'Esprit Saint fasse de nous une éternelle offrande à ta gloire, pour que nous obtenions un jour l'héritage promis, avec tes élus : en premier lieu la bienheureuse Vierge Marie, Mère de Dieu, avec saint Joseph, son époux, les bienheureux Apôtres, les glorieux martyrs, (saint N.) et tous les saints, qui ne cessent d'intercéder auprès de toi et nous assurent de ton secours.

Et maintenant nous te supplions, Seigneur : par le sacrifice qui nous réconcilie avec toi, étends au monde entier le salut et la paix. Affermis ton Église, en pèlerinage sur la terre, dans la foi et la charité, en union avec ton serviteur notre pape N., et notre évêque N., l'ensemble des évêques, les prêtres, les diacres, et tout le peuple que tu as racheté. Écoute, en ta bonté, les prières de ta famille, que tu as voulu rassembler devant toi. Dans ta miséricorde, ramène à toi, Père très aimant, tous tes enfants dispersés.

Pour nos frères et sœurs défunts, et pour tous ceux qui ont quitté ce monde et trouvent grâce devant toi, nous te prions : en ta bienveillance, accueille-les dans ton Royaume, où nous espérons être comblés de ta gloire, tous ensemble et pour l'éternité, par le Christ, notre Seigneur, par qui tu donnes au monde toute grâce et tout bien.

Par lui, avec lui et en lui, à toi, Dieu le Père tout-puissant, dans l'unité du Saint-Esprit, tout honneur et toute gloire, pour les siècles des siècles.

— Amen.

Vient ensuite le rite de la communion, p. 258.

Prière eucharistique n° 4

Vraiment, il est bon de te rendre grâce, il est juste et bon de te glorifier, Père très saint, car tu es le seul Dieu, le Dieu vivant et vrai : toi qui es avant tous les siècles, tu demeures éternellement, lumière au-delà de toute lumière. Toi, le Dieu de bonté, la source de la vie, tu as fait le monde pour que toute créature soit comblée de tes bénédictions, et que beaucoup se réjouissent de l'éclat de ta lumière. Ainsi, la foule innombrable des anges qui te servent jour et nuit se tiennent devant toi, et, contemplant la splendeur de ta face, n'interrompent jamais leur louange. Unis à leur hymne d'allégresse, avec la création tout entière qui t'acclame par nos voix, Dieu, nous te chantons (louons) :

Saint ! Saint ! Saint, le Seigneur,
Dieu de l'univers !
Le ciel et la terre
sont remplis de ta gloire.
Hosanna au plus haut des cieux.
Béni soit celui qui vient
au nom du Seigneur.
Hosanna au plus haut des cieux.

(Voir p. 243 pour la version latine.)

Père très saint, nous proclamons que tu es grand et que tu as fait toutes choses avec sagesse et par amour : tu as créé l'homme à ton image et tu lui as confié l'univers, afin qu'en te servant, toi seul, son Créateur, il règne sur la création. Comme il avait perdu ton amitié par sa désobéissance, tu ne l'as pas abandonné au pouvoir de la mort. Dans ta miséricorde, tu es venu en aide à tous les hommes pour qu'ils te cherchent et puissent te trouver. Tu as multiplié les alliances avec eux, et tu les as formés, par les prophètes, dans l'espérance du salut. Tu as tellement aimé le monde, Père très saint, que tu nous as envoyé ton Fils unique, lorsque les temps furent accomplis, pour qu'il soit notre Sauveur. Dieu fait homme, conçu de l'Esprit Saint, né de la Vierge Marie, il a vécu notre condition humaine en toute chose, excepté le péché, annonçant aux pauvres la bonne nouvelle du salut ; aux captifs, la délivrance ; aux affligés, la joie. Pour accomplir le dessein de ton amour, il s'est livré lui-même à la mort, et, par sa résurrection, il a détruit la mort et renouvelé la vie. Afin que désormais notre vie ne soit plus à nous-mêmes, mais à lui qui est mort et ressuscité pour nous, il a envoyé d'auprès de toi, Père, comme premier don fait aux croyants, l'Esprit Saint qui continue son œuvre dans le monde et achève toute sanctification.

Que ce même Esprit Saint, nous t'en prions, Seigneur, sanctifie ces offrandes : qu'elles deviennent ainsi le corps ✛ et le sang de notre Seigneur Jésus, le Christ, dans la célébration de ce grand mystère, que lui-même nous a laissé en signe de l'Alliance éternelle.

Quand l'heure fut venue où tu allais le glorifier, Père très saint, comme il avait aimé les siens qui étaient dans le monde, il les aima jusqu'au bout : pendant le repas qu'il partageait avec eux, il prit le pain, dit la bénédiction, le rompit et le donna à ses disciples, en disant :
« **Prenez, et mangez-en tous** : ceci est mon corps livré pour vous. »
De même, il prit la coupe remplie de vin, il rendit grâce, et la donna à ses disciples, en disant :
« **Prenez, et buvez-en tous**, car ceci est la coupe de mon sang, le sang de l'Alliance nouvelle et éternelle, qui sera versé pour vous et pour la multitude en rémission des péchés. Vous ferez cela en mémoire de moi. »

Prière eucharistique n° 4

(1) Il est grand, le mystère de la foi :
— Nous annonçons ta mort,
Seigneur Jésus,
nous proclamons ta résurrection,
nous attendons ta venue dans la gloire.

(2) Acclamons le mystère de la foi :
— Quand nous mangeons ce pain
et buvons à cette coupe,
nous annonçons ta mort,
Seigneur ressuscité,
et nous attendons que tu viennes.

(3) Qu'il soit loué, le mystère de la foi :
— Sauveur du monde, sauve-nous !
Par ta croix et ta résurrection,
tu nous as libérés.
ou :
Proclamons le mystère de la foi :
— Gloire à toi qui étais mort,
gloire à toi qui es vivant,
notre Sauveur et notre Dieu :
viens, Seigneur Jésus !
(Voir p. 246 pour la version latine.)

Voilà pourquoi, Seigneur, nous célébrons aujourd'hui le mémorial de notre rédemption : en rappelant la mort du Christ et sa descente au séjour des morts, en proclamant sa résurrection et son ascension à ta droite, en attendant sa venue dans la gloire, nous t'offrons son corps et son sang, le sacrifice qui est digne de toi et qui sauve le monde entier. Regarde, Seigneur, celui qui s'offre dans le sacrifice que toi-même as préparé pour ton Église, et, dans ta bonté, accorde à tous ceux qui vont partager ce pain et boire à cette coupe d'être rassemblés par l'Esprit Saint en un seul corps, pour qu'ils deviennent eux-mêmes dans le Christ une vivante offrande à la louange de ta gloire.

Et maintenant, Seigneur, rappelle-toi tous ceux pour qui nous offrons le sacrifice : en premier lieu, ton serviteur notre pape N., notre évêque N., et l'ensemble des évêques, les prêtres et les diacres, les fidèles qui présentent cette offrande, les membres de notre assemblée, le peuple entier qui t'appartient, et tous ceux qui te cherchent avec droiture.

Souviens-toi aussi de ceux qui sont morts dans la paix du Christ, et de tous les défunts dont toi seul connais la foi.

À nous qui sommes tes enfants, accorde, Père très bon, l'héritage de la vie éternelle auprès de la Vierge Marie, la bienheureuse Mère de Dieu, auprès de saint Joseph, son époux, des Apôtres et de tous les saints, dans ton Royaume. Nous pourrons alors, avec la création tout entière, enfin libérée de la corruption du péché et de la mort, te glorifier par le Christ, notre Seigneur, par qui tu donnes au monde toute grâce et tout bien.

Par lui, avec lui et en lui, à toi, Dieu le Père tout-puissant, dans l'unité du Saint-Esprit, tout honneur et toute gloire, pour les siècles des siècles.

—Amen.

Vient ensuite le rite de la communion, p. 258.

RITE DE LA COMMUNION

Notre Père

(1) Comme nous l'avons appris du Sauveur, et selon son commandement, nous osons dire :
(2) Unis dans le même Esprit, nous pouvons dire avec confiance la prière que nous avons reçue du Sauveur :

Notre Père qui es aux cieux, que ton nom soit sanctifié,
que ton règne vienne, que ta volonté soit faite sur la terre comme au ciel.
Donne-nous aujourd'hui notre pain de ce jour. Pardonne-nous nos offenses,
comme nous pardonnons aussi à ceux qui nous ont offensés.
Et ne nous laisse pas entrer en tentation, mais délivre-nous du Mal.

(3) *Præceptis salutaribus moniti, et divina institutione formati, audemus dicere : Pater noster, qui es in cælis : sanctificetur nomen tuum ; adveniat regnum tuum ; fiat voluntas tua, sicut in cælo, et in terra. Panem nostrum cotidianum da nobis hodie ; et dimitte nobis debita nostra, sicut et nos dimittimus debitoribus nostris ; et ne nos inducas in tentationem ; sed libera nos a malo.*

Délivre-nous de tout mal, Seigneur, et donne la paix à notre temps : soutenus par ta miséricorde, nous serons libérés de tout péché, à l'abri de toute épreuve, nous qui attendons que se réalise cette bienheureuse espérance : l'avènement de Jésus Christ, notre Sauveur.
— Car c'est à toi qu'appartiennent le règne,
la puissance et la gloire pour les siècles des siècles !

Échange de la paix

Seigneur Jésus Christ, tu as dit à tes Apôtres : « Je vous laisse la paix, je vous donne ma paix » ; ne regarde pas nos péchés mais la foi de ton Église ; pour que ta volonté s'accomplisse, donne-lui toujours cette paix, et conduis-la vers l'unité parfaite, toi qui vis et règnes pour les siècles des siècles. **– *Amen.***

Que la paix du Seigneur soit toujours avec vous. **– *Et avec votre esprit.***

Dans la charité du Christ, donnez-vous la paix.

Fraction du pain

Que le corps et le sang de notre Seigneur Jésus Christ,
réunis dans cette coupe, nourrissent en nous la vie éternelle.

Agneau de Dieu

Agneau de Dieu, qui enlèves les péchés du monde, prends pitié de nous. *(bis)*
Agneau de Dieu, qui enlèves les péchés du monde, donne-nous la paix.

Agnus Dei, qui tollis peccata mundi, miserere nobis. (bis)
Agnus Dei, qui tollis peccata mundi, dona nobis pacem.

Communion

(1) Seigneur Jésus Christ, Fils du Dieu vivant, selon la volonté du Père et avec la puissance du Saint-Esprit, tu as donné, par ta mort, la vie au monde ; que ton corps et ton sang très saints me délivrent de mes péchés et de tout mal ; fais que je demeure fidèle à tes commandements et que jamais je ne sois séparé de toi.

(2) Seigneur Jésus Christ, que cette communion à ton corps et à ton sang n'entraîne pour moi ni jugement ni condamnation; mais que, par ta bonté, elle soutienne mon esprit et mon corps et me donne la guérison.

Voici l'Agneau de Dieu, voici celui qui enlève les péchés du monde.
Heureux les invités au repas des noces de l'Agneau!
— Seigneur, je ne suis pas digne de te recevoir;
mais dis seulement une parole, et je serai guéri.

Chant de communion *ou antienne de la communion.*

Prière après la communion *voir à la date du jour.*

RITE DE CONCLUSION

Le Seigneur soit avec vous.
— Et avec votre esprit.
Que Dieu tout-puissant vous bénisse, le Père, et le Fils, ✠ et le Saint-Esprit.
— Amen.

Puis le diacre, ou le prêtre lui-même, les mains jointes, tourné vers l'assemblée, dit:

(1) Allez, dans la paix du Christ.
(2) Allez porter l'Évangile du Seigneur.
(3) Allez en paix, glorifiez le Seigneur par votre vie.
(4) Allez en paix.
— Nous rendons grâce à Dieu.

Chants pour la célébration

Les chants en rouge sont consultables à la page indiquée. **Les chants en noir** sont référencés avec leur cote SECLI.

	Ouverture	Renvoi	Communion / Action de grâce	Renvoi
1er nov.	Peuple de lumière	p. 262	Corps du Christ à notre table	p. 266
	Signes par milliers	TK226	Nous serons bienheureux	W48-90
	Les saints et les saintes de Dieu	EDIT15-98	Heureux, bienheureux	X589
2 nov.	En toi, Seigneur, mon espérance	p. 263	Qui regarde vers Dieu	Taizé
	Vainqueur de nos ténèbres	IP27-43	Dans le creux de nos mains	p. 267
	Fais paraître ton jour	Y53	Tu es le Dieu fidèle	D163
9 nov.	Dieu nous accueille en sa maison	p. 264	Pain de Dieu, pain de vie	D381
	Pierres vivantes, peuple du Royaume	K26-43	J'ai vu l'eau vive	p. 268
	Peuple de Dieu, marche joyeux	K180	Église de ce temps	K35-64
16 nov.	Habiter le seuil de ta maison	p. 264	Ô ma joie et mon espérance	Taizé
	À ce monde que tu fais	RT146-1	Pain véritable	p. 269
	Pour l'amour de cet homme	WP28-47-1	Veillons jusqu'au jour	X516
23 nov.	Christ, Roi du monde	M35	C'est toi, Seigneur, le pain rompu	D293
	Nous chanterons pour toi, Seigneur	K38	Prenez et mangez	p. 269
	Ps 150 – Par la musique et par nos voix	p. 265	Comme lui	Pontbriand
30 nov.	Veillez et priez	Béatitudes	Le Seigneur est ma lumière et mon salut	DEV520
	Aube Nouvelle	p. 265	Vienne, Seigneur, vienne ton jour !	E240
	Préparez le chemin du Seigneur	E13-95	Tu fais ta demeure en nous	p. 268

Suggestions pour novembre 2025 proposées par Thibault Van Den Driessche, avec ChantonsenÉglise

Peuple de lumière *(Ouverture)*

T601 ; T. : C. Singer ; M. : J.-P. Kempf (Chantez Dieu, vol. 1) ; Studio SM.

Refrain : **Peuple de lumière, baptisé pour témoigner,**
peuple d'Évangile, appelé pour annoncer
les merveilles de Dieu pour tous les vivants.

① Vous êtes l'Évangile pour vos frères
si vous gardez ma parole
pour avancer dans la vérité.
Bonne Nouvelle pour la terre !

② Vous êtes l'Évangile pour vos frères
si vous suivez mon exemple
pour demeurer dans la charité.
Bonne Nouvelle pour la terre !

③ Vous êtes l'Évangile pour vos frères
si vous marchez à ma suite
pour inventer le don et la joie.
Bonne Nouvelle pour la terre !

④ Vous êtes l'Évangile pour vos frères
si vous laissez les offenses
pour déclarer à tous le pardon.
Bonne Nouvelle pour la terre !

En toi, Seigneur, mon espérance (Ouverture)

GP45-35 ; T. : J.-P. Servel ; M. : C. Scholefield (1834-1904), F. Vonarb ; Caecilia.

𝅗𝅥 = Autour de 90

1. En toi, Sei - gneur, mon es - pé - ran - ce !
2. Sois mon rem - part et ma re - trai - te,
3. Lors - que du poids de ma mi - sè - re
4. De tout dan - ger gar - de mon â - me,

1. Sans ton ap - pui je suis per - du ;
2. mon bou - cli - er, mon pro - tec - teur ;
3. ta main vou - dra me dé - li - vrer ;
4. je la re - mets en - tre tes mains ;

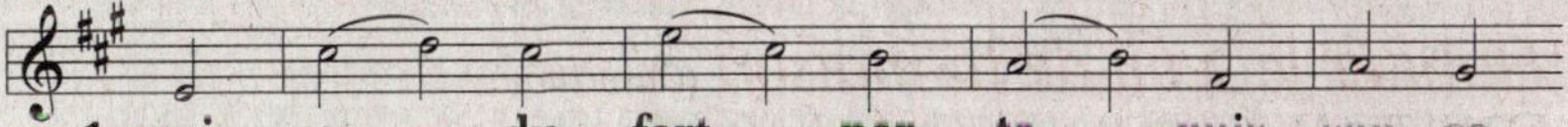

1. mais ren - du fort par ta puis - san - ce,
2. sois mon ro - cher dans la tem - pê - te,
3. sur u - ne rou - te de lu - miè - re,
4. de l'En - ne - mi qui me ré - cla - me,

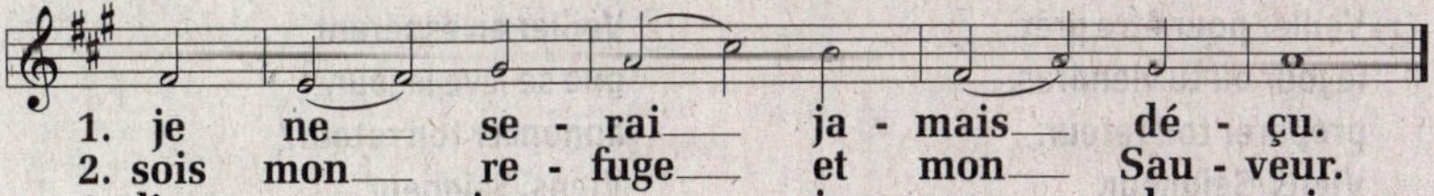

1. je ne se - rai ja - mais dé - çu.
2. sois mon re - fuge et mon Sau - veur.
3. d'un cœur joy - eux, je mar - che - rai.
4. pro - tè - ge - moi, je suis ton bien.

Dieu nous accueille en sa maison (Ouverture)

A174 ; T. : J.-P. Lécot ; M. : J.-P. Lécot, G.-P. Palestrina (XVIe siècle) ; Zech.

Refrain : **Dieu nous accueille en sa maison, Dieu nous invite à son festin :**
jour d'allégresse et jour de joie ! Alléluia !

① **Oh, quelle joie quand on m'a dit :**
approchons-nous de sa maison dans la cité du Dieu vivant !

② **Criez de joie pour notre Dieu,**
chantez pour lui, car il est bon, car éternel est son amour.

③ **Avec Jésus, nous étions morts ;**
avec Jésus, nous revivrons, nous avons part à sa clarté.

④ **« Si tu savais le don de Dieu »,**
si tu croyais en son amour, tu n'aurais plus de peur en toi.

Habiter le seuil de ta maison (Ouverture)

E22-11 ; T. et M. : Communauté du Chemin Neuf ; Artémas.

Refrain : **Habiter le seuil de ta maison, Seigneur, guetter le temps de ton retour.**
Comme un veilleur guette le jour, rester dans l'amour de ton nom.

① **Veiller pour être prêt**
le jour où tu viendras,
préparer ton retour.
Viens, Seigneur,
le monde a tant besoin de toi.

② **Veiller en espérant**
que se lève le jour,
annoncer ton retour.
Viens, Seigneur,
le monde a tant besoin de toi.

Psaume 150 – Par la musique et par nos voix *(Ouverture)*

Y43-38 ; T. : D. Rimaud ; M. : H. Schütz ; Voix nouvelles.

① **Louange à Dieu, Très-Haut Seigneur,**
pour la beauté de ses exploits :
par la musique et par nos voix,
louange à lui dans les hauteurs !

② **Louange à lui, puissance, honneur,**
pour les actions de son amour :
au son du cor et du tambour,
louange à lui pour sa grandeur !

③ **Tout vient de lui, tout est pour lui :**
harpes, cithares, louez-le.
Cordes et flûtes, chantez-le :
que tout vivant le glorifie !

④ **Alléluia, alléluia !**
Alléluia, alléluia !
Alléluia, alléluia !
Alléluia, alléluia !

Aube nouvelle *(Ouverture)*

E130 ; T. : M. Scouarnec ; M. : J. Akepsimas ; Studio SM.

① **Aube nouvelle dans notre nuit : pour sauver son peuple, Dieu va venir.**
Joie pour les pauvres, fête aujourd'hui :
il faut préparer la route au Seigneur. *(bis)*

② **Bonne nouvelle, cris et chansons : pour sauver son peuple, Dieu va venir.**
Voix qui s'élève dans nos déserts :
il faut préparer la route au Seigneur. *(bis)*

③ **Terre nouvelle, monde nouveau : pour sauver son peuple, Dieu va venir.**
Paix sur la terre, ciel parmi nous :
il faut préparer la route au Seigneur. *(bis)*

Corps du Christ à notre table (Communion)

D56-97; T. : C. Bernard; M. : J.-P. Hervy; Jubilus Voix nouvelles.

Dans le creux de nos mains (Communion)

D362 ; T. et M. : J.-M. Vincent ; Studio SM.

Refrain : **Reste avec nous, Seigneur, quand vient le soir.**
Reste avec nous, Seigneur : il se fait tard.

1. **Dans le creux de nos mains où repose le pain,**
   ton corps nous est donné, Jésus ressuscité,
   ton corps nous est donné, pain vivant partagé.

2. **Au repas de l'amour tu nous as invités ;**
   nous t'avons reconnu, Jésus ressuscité,
   nous t'avons reconnu, Dieu présent, Dieu caché.

3. **Le Seigneur est vivant, nous en sommes témoins ;**
   il nous est apparu, Jésus ressuscité,
   il nous est apparu, nous venons l'annoncer.

4. **Notre cœur est brûlant, ton amour est présent ;**
   ainsi que tu l'as dit, Jésus ressuscité,
   ainsi que tu l'as dit, tu nous donnes ta paix.

5. **Dans le fond de nos cœurs où nous suit ton regard,**
   nous voulons te parler, Jésus ressuscité,
   nous voulons te parler, te confier nos secrets.

J'ai vu l'eau vive (Action de grâce)

I18-65-10; T. : CFC/©CNPL; M. : J.-P. Lécot; Lethielleux.

① **J'ai vu l'eau vive,**
jaillissant du cœur du Christ, alléluia !
Tous ceux que lave cette eau
seront sauvés et chanteront :
alléluia !
Alléluia, alléluia, alléluia !

② **J'ai vu la source**
devenir un fleuve immense, alléluia !
Les fils de Dieu rassemblés
chantaient leur joie d'être sauvés :
alléluia !
Alléluia, alléluia, alléluia !

③ **J'ai vu le Temple, désormais,**
s'ouvrir à tous, alléluia !
Le Christ revient victorieux,
montrant la plaie de son côté :
alléluia !
Alléluia, alléluia, alléluia !

④ **J'ai vu le Verbe nous donner**
la paix de Dieu, alléluia !
Tous ceux qui croient en son nom
seront sauvés et chanteront :
alléluia !
Alléluia, alléluia, alléluia !

Tu fais ta demeure en nous (Communion)

D56-49; T. et M. : Chants de l'Emmanuel (S. Drouineau); Éd. de l'Emmanuel.

Refrain : **Tu es là présent, livré pour nous. Toi le tout-petit, le serviteur.**
Toi, le Tout-Puissant, humblement tu t'abaisses.
Tu fais ta demeure en nous, Seigneur.

① **Le pain que nous mangeons, le vin que nous buvons,**
c'est ton corps et ton sang, tu nous livres ta vie,
tu nous ouvres ton cœur, tu fais ta demeure en nous, Seigneur.

Prenez et mangez (Communion)

D52-67 ; T. et M. : Chants de l'Emmanuel (A. Broeders) ; Éd. de l'Emmanuel.

Refrain : **Prenez et mangez, ceci est mon corps, prenez et buvez, voici mon sang !
Ouvrez vos cœurs ! Vous ne serez plus jamais seuls : je vous donne ma vie.**

① **Demeurez en moi, comme je demeure
en vous, qui demeure en mon amour,
celui-là portera du fruit.
Comme Dieu, mon Père,
ainsi je vous ai aimés. Gardez
mes paroles, vous recevrez ma joie !**

② **Je vous ai choisis pour que vous portiez
du fruit. Gardez mon commandement
et vous demeurerez en moi.
Comme je vous aime, aimez-vous
d'un seul Esprit. Je vous donne
ma vie : vous êtes mes amis !**

Pain véritable (Communion)

D103 ; T. : J. Latour ; M. : R. Marthouret dit Jeff (Chants notés, t. 1, CNA 340) ; Éd. Beausoleil.

Refrain : **Pain de vie, corps ressuscité, source vive de l'éternité.**

① **Pain véritable,
corps et sang de Jésus Christ,
don sans réserve de l'amour du Seigneur,
corps véritable de Jésus Sauveur.**

② **La sainte Cène est ici commémorée,
le même pain, le même corps sont livrés,
la sainte Cène nous est partagée.**

③ **Pâque nouvelle désirée d'un grand désir,
terre promise du salut par la Croix,
Pâque éternelle, éternelle joie.**

LES RENDEZ-VOUS DE NOVEMBRE 2025

Chemin d'étoiles
Jacques Nieuviarts
p. 276

Il y a 1700 ans : le Credo
Emmanuelle Billoteau
p. 281

Les seconds rôles dans la Bible
Anne Lécu
p. 278

Jubilé de l'espérance 2025
Sylvaine Lacout
p. 284

NOUVEAU

Les pages des nouveaux baptisés ..... *p. 272*

Témoignage de lecteur ..... *p. 286*
Question du mois ..... *p. 288*
Église du monde ..... *p. 290*
Reportage ..... *p. 292*
Messes TV radio ..... *p. 297*
Culture ..... *p. 298*
Agenda ..... *p. 301*

ÉDITORIAL

La sainteté de tous les jours

Et si novembre devenait le mois où l'on ouvre les yeux sur la sainteté toute proche ? Celle qui se glisse dans les gestes simples, les paroles transmises avec amour. Comme Eunice et Loïs, la mère et la grand-mère de Timothée, le compagnon de Paul (voir la chronique d'Anne Lécu, p. 278), ces femmes qui sèment la foi dans le cœur des enfants.

Comme les familles Latreille au Togo (p. 290) ou Boutry à Rome (p. 286), qui choisissent ensemble de suivre Jésus, pas à pas, dans l'humilité du service et l'aventure du pèlerinage.

Il y a aussi la sainteté discrète, celle de Sébastien qui tend la main avec Fratello (p. 292), ou de Jasmine, jeune baptisée, qui s'inspire de la vie des saints pour vivre l'Évangile (p. 272).

Ce mois-ci, prenons le temps de reconnaître ces visages lumineux, ces choix courageux, ces actes de miséricorde. Car la sainteté n'est pas réservée à quelques élus : elle se cache dans nos maisons, nos rues, nos vies. Il suffit de la chercher… et de la laisser nous toucher. ■

Karem Bustica
Rédactrice en chef de Prions en Église

« La sainteté n'est pas réservée à quelques élus : elle se cache dans nos maisons, nos rues, nos vies. »

Jasmine, baptisée en 2020

Jasmine, 25 ans, vit en Normandie avec son mari. Après s'être convertie à l'islam adolescente, elle est baptisée en 2020.

3 QUESTIONS À JASMINE

1 Qu'est-ce qui vous porte dans votre foi ?

2 Qu'est-ce qui reste difficile ?

3 Qu'est-ce qui vous aide à grandir ?

1 Le chapelet m'aide énormément, c'est quelque chose de très important pour moi. Il a toujours été un fil conducteur, une chaîne qui me relie au Seigneur et à la sainte Vierge. C'est un temps pendant lequel je mets tout sur pause, et je me concentre sur Dieu et sur rien d'autre. J'ai découvert cette manière de prier dans l'une des paroisses que j'ai fréquentées. Ils insistaient beaucoup sur le chapelet, que ce soit en retraite ou en s'appuyant sur des encycliques. Au début, ce n'était pas facile, je trouvais le chapelet un peu aride. Aujourd'hui, à force de le prier chaque jour, les mystères deviennent plus familiers. C'est plus facile d'entrer en méditation et j'ai l'impression que les Je vous salue Marie jaillissent de mon cœur plus spontanément.

2 J'ai découvert plusieurs paroisses différentes: après avoir vécu dans le département de Seine-Saint-Denis, j'habite aujourd'hui à la campagne. Dans ma première paroisse, le contact était plus simple car je connaissais déjà du monde. Mais dans certaines églises plus traditionnelles, étant d'origine algérienne et néophyte, j'avais l'impression d'être accueillie et en même temps de ne pas «avoir les codes». À la campagne, les paroissiens viennent nous parler avec mon mari, mais ce n'est pas facile de créer des liens. Ayant fréquenté la mosquée précédemment, je ne peux m'empêcher de comparer. Il y avait une certaine chaleur humaine que j'ai du mal à retrouver dans les églises.

3 Les livres m'aident beaucoup à me rapprocher du Christ, ceux qui évoquent la Divine Providence ou le thème de l'abandon. J'y apprends à lâcher prise. Je suis de nature assez anxieuse, j'aime bien contrôler les choses et savoir comment tout va se dérouler. En m'appuyant sur ce type d'ouvrages, j'apprends à laisser Dieu faire et à lui remettre ma vie entre les mains, avec confiance. Lire la vie de saints m'aide aussi dans ma foi. Ils sont passés par des épisodes difficiles et n'ont pas abandonné leur foi. Cette fidélité coûte que coûte, je la trouve magnifique, cela me stimule et me fascine. ■

Propos recueillis par
Anne-Quitterie Jozeau

Ce mois-ci, la rédaction vous recommande...

UN SITE INTERNET

Si, comme Jasmine, lire la vie des saints vous aide dans votre foi, le site nominis.cef.fr est fait pour vous. Par exemple, pour mieux connaître le saint de votre prénom, vous trouverez sur ce site sa biographie, les dates importantes de sa vie, son étymologie. C'est amusant, car on commence par tirer un fil et on finit par se passionner pour des saints dont on ne soupçonnait pas l'existence quelques minutes plus tôt. Vous pourrez faire connaissance avec les saints thaumaturges, ceux qui ont accompli des miracles de guérison comme sainte Apolline, invoquée pour les maux de dents, ainsi qu'avec les saints patrons, ceux qui sont liés à la protection d'une ville ou d'une profession. Vous pouvez faire confiance aux informations qui sont fiables et sérieuses. Les textes, brefs et concis, se retiennent facilement. Vous n'avez pas fini de découvrir la grande famille des saints !

UN LIVRE

Jasmine nous confie que **la prière du chapelet** a pu être « aride ». Pour vous, elle est peut-être inconnue mais vous êtes intéressé pour apprendre à la prier. Ce manuel vous explique son contenu et son mode d'emploi. Il va plus loin en associant des saints qui ont prié le chapelet avant nous. Vous prierez avec sainte Bernadette Soubirous, sainte Teresa de Calcutta et saint Carlo Acutis, ce jeune saint italien canonisé le 7 septembre dernier. Ce manuel accessible est un vrai compagnon pour se familiariser à cette prière.

***Prier le chapelet avec 35 saints*,**
Anne-Lys Breurec, Salvator, 125 p.

UN PARCOURS

Savez-vous que le 2 novembre, le « jour des morts », est appelé par l'Église la **« commémoration de tous les fidèles défunts »** ? Ce jour-là, l'enjeu est d'être particulièrement en lien avec les personnes de notre entourage qui sont décédées. Nous pouvons être en lien par l'amitié, le souvenir. Les croyants ajoutent un degré supplémentaire : la prière. Si vous voulez en savoir davantage, *Prions en Église* avec le sanctuaire de Montligeon proposent un parcours en quatre étapes. Rendez-vous dès le 1er novembre sur l'appli et le site (voir p. 298) !

Parcours *« Jubilé 2025 : offrir un cadeau à un défunt »*.

Textes : Aurore de Neuville

CHEMIN D'ÉTOILES

Jacques Nieuviarts, prêtre assomptionniste

Chemin d'étoiles ouvert à l'infini

Au terme de cette chronique parcourant le « Chemin d'étoiles » de la Bible, on comprend qu'il est infini et nous est ouvert.

Feuilletant la Bible de part en part, on s'émerveille d'y rencontrer des étoiles à l'infini et de leur diversité, au point qu'elles semblent, de mille manières, en dialogue avec Dieu et avec les hommes. Impossible alors de ne pas se sentir doucement placé sous le patronage du saint de Compostelle – le « champ d'étoiles » ! –, et dans le sillage d'Abraham, qui contemplait le ciel, y comprenant – ou peut-être y entendant, dans le chant des étoiles –, la promesse que Dieu lui faisait d'une descendance innombrable et d'une terre. Cette promesse lui fut plus d'une fois redite (Gn 15, 5). Jacob, lui, vit des anges monter et descendre sur une immense échelle qui faisait se rejoindre le ciel et la terre, et attentif, il entendit les mêmes paroles (Gn 28, 12-15). Joseph eut des visions sans étoiles (cf. Gn 37). Mais tous comprirent que la promesse pouvait se briser si l'homme n'en prenait pas soin. L'étoile alors se briserait aussi ! Certains se risquèrent à scruter le ciel et à interroger le cours des astres, mais les prophètes les dissuadèrent de ces horoscopes et de ces pratiques (Is 47, 13 ; Jr 31, 35). Créés libres, ils devaient garder cette dignité des fils de Dieu, et se souvenir plutôt du firmament étoilé magnifiquement chanté par la Genèse ou de la véritable polyphonie d'étoiles du livre des Psaumes (cf. Ps 8 ; 146). Les prophètes eurent également des mots durs pour combattre l'orgueil de ceux qui voulaient décrocher tout à la fois le ciel et les étoiles, orgueil promis à la perte, ou disaient-ils, à l'ébranlement des cieux et à « l'extinction des étoiles » (Ez 32, 7) ! Le chemin de Balaam fut plus humble, étonnant devin païen, il perçut à son lever l'étoile annonçant le Messie (cf. Nb 22 – 24). Longtemps après, n'est-ce pas cette étoile que suivirent les mages, ses très lointains héritiers magnifiquement inspirés par Dieu ? Ils ne connaissaient pas les Écritures mais suivaient l'étoile et marchaient, pendant qu'Hérode et ses scribes interrogeaient les Écritures sans même qu'elles les mettent en marche (cf Mt 2) ! Au terme de la Bible, l'Apocalypse, souvent énigmatique, laisse présager le monde nouveau autour du Christ en gloire. Figure centrale de ce grand livre, il tient en main sept étoiles rayonnantes qui en ouvrent le mystère (Ap 1, 16 ; 22, 16). Ce chemin infini d'étoiles nous est ouvert ! ■

Les étoiles semblent, de mille manières, en dialogue avec Dieu et avec les hommes.

Anne Lécu, dominicaine

Loïs et Eunice, éducatrices

Grand-mère et mère de Timothée, compagnon de saint Paul, ces deux femmes nous enseignent l'importance de l'intelligence de la foi dans sa transmission.

Timothée fut un compagnon fidèle de Paul. Originaire de la région de Lystres en Lycaonie (en actuelle Turquie, au nord de Chypre), il était vraiment la personne idoine pour seconder l'apôtre des païens. En effet, « sa mère était une juive devenue croyante, mais son père était grec » (Ac 16, 1). Au début de sa mission, Paul le prend avec lui, mais le fait circoncire à cause des Juifs de la région, « car tous savaient que son père était grec » (Ac 16, 3). En effet, Paul a un souvenir cuisant des Juifs d'Iconium qui l'avaient lapidé précédemment (Ac 14, 19) lors de son premier séjour à Lystres. C'est peut-être à cette occasion que la mère et la grand-mère de Timothée avaient découvert le nom de Jésus.

Être Juif dans une communauté de la diaspora et devenir chrétien ne devait donc pas être bien simple à l'époque. C'est pourquoi Paul va insister à plusieurs reprises sur la persévérance de la mère et de la grand-mère de Timothée. Il cite Loïs, la grand-mère maternelle de son compagnon, et Eunice, sa mère, et reconnaît « la foi sincère » qui les habitait et qu'elles ont transmise à Timothée (2 Tm 1, 5). Un peu plus loin dans la même épître, il insiste : « Mais toi, demeure ferme dans ce que tu as appris : de cela tu as acquis la certitude, sachant bien de qui tu l'as appris. Depuis ton plus jeune âge, tu connais les Saintes Écritures : elles ont le pouvoir de te communiquer la sagesse, en vue du salut par la foi que nous avons en Jésus Christ. Toute l'Écriture est inspirée par Dieu ; elle est utile pour enseigner, dénoncer le mal, redresser, •••

© Gaëtan Évrard

Première Alliance

« Écoute, mon fils, les leçons de ton père, ne néglige pas l'enseignement de ta mère : c'est comme une couronne de grâce sur ta tête, un collier à ton cou. » Proverbes 1, 8-9

... éduquer dans la justice; grâce à elle, l'homme de Dieu sera accompli, équipé pour faire toute sorte de bien » (2 Tm 3, 4-17). Ces deux femmes, Loïs et Eunice, ont élevé l'enfant dans l'amour de la Torah, de la Loi juive, comme Paul le fut également. Pour les deux hommes, la découverte du Christ n'est pas du tout une rupture avec leur passé, mais l'entrée dans une autre dimension d'intelligence des Écritures. Et ce sont les femmes qui ont permis ce passage, transmis l'amour des Écritures dans lequel s'est enraciné l'amour du Christ.

Toutes deux nous enseignent l'importance de l'intelligence de la foi dans sa transmission. Les lettres de Paul visent à encourager Timothée (dont le nom signifie : « celui qui honore Dieu »), son enfant « bien-aimé » dans la foi. Mais ces lettres sont aussi une forme d'hommage à toutes les mères et les grands-mères qui font ce qu'elles peuvent pour que l'attachement à la parole de Dieu soit transmis à leur descendance. ■

Nouvelle Alliance

« J'ai souvenir de la foi sincère qui est en toi : c'était celle qui habitait d'abord Loïs, ta grand-mère, et celle d'Eunice, ta mère, et j'ai la conviction que c'est aussi la tienne. »

2 Timothée 1, 5

IL Y A 1700 ANS : LE CREDO

Emmanuelle Billoteau, ermite

De l'expérience de l'Esprit à la confession de l'Esprit

Le Credo de Nicée répond à la crise arienne en affirmant la divinité du Christ et son égalité avec le Père, mais il passe très vite sur l'Esprit Saint. D'où le besoin de préciser l'identité de ce dernier face à de graves remises en question. Ce que fit le concile de Constantinople convoqué par l'empereur Théodose Ier en 381.

La remise en question de la divinité de l'Esprit est à situer dans le prolongement de la crise arienne et de la difficulté à confesser Dieu, Un et Trine. Les tenants de cette contestation sont appelés les Macédoniens, du nom d'un évêque qui en aurait été l'origine, ou les Pneumatomaques. Le concile de Constantinople va donc introduire une clause pour dissiper le flou qui pouvait s'attacher à l'Esprit Saint. Sans parler à son sujet de consubstantialité avec le Père et le Fils, sans le nommer Dieu, et, en s'en tenant à un langage proche de celui des Écritures, le Symbole issu de ce concile va affirmer sans équivoque la foi de l'Église, à savoir que nous croyons « en l'Esprit, qui est Seigneur et donne…

… la vie, qui procède du Père, qui avec le Père et le Fils est également co-adoré et co-glorifié, qui a parlé par les prophètes » (Denziger 150, trad. française partiellement modifiée). L'Esprit est appelé Seigneur comme le Père et le Fils ; il jouit de cette prérogative divine qui consiste à donner la vie ; il procède du Père et ne relève pas du créé. Il est adoré et glorifié à l'égal du Père et du Fils : autant dire que le culte qui lui est rendu le place sur le même plan qu'eux.

L'expérience de l'Esprit, telle qu'annoncée par Jésus dans l'évangile de Jean et vécue telle que la rapportent les Actes des Apôtres et les lettres de Paul, trouve ici sa formulation. Le Credo de Nicée-Constantinople que nous proclamons aujourd'hui présente toutefois une différence, laquelle a été une pomme de discorde entre les Églises latines et orientales. L'Église latine, en effet, confessera que l'Esprit procède du Père et du Fils (dès 675 en Espagne, puis en Gaule sous Charlemagne). C'est Benoît VIII (XIe siècle) qui l'introduit dans le Credo de la célébration eucharistique. Or le « et » ne faisait pas partie du texte d'origine et a été ajouté postérieurement. Les Orientaux voulaient souligner ainsi le fait que, dans la Trinité, le Père est l'unique principe. Le Fils, quant à lui, ne pouvant être qu'un canal. La formulation orientale se cale donc sur Jean : « Quand viendra le Défenseur, que je vous enverrai d'auprès du Père, lui, l'Esprit de vérité qui procède du Père, il rendra témoignage en ma faveur » (Jn 15, 26-27).

Parmi les théologiens qui ont défendu la divinité du Saint-Esprit se trouvent bien entendu saint Athanase, mais aussi saint Basile de

Césarée (329-379) dont le *Traité du Saint-Esprit* demeure une référence. Dans la première lettre à Sérapion, Athanase avait déclaré que l'Esprit était « consubstantiel » au Père et au Fils, c'est-à-dire de même nature divine. Dans son traité, Basile argumente lui aussi en théologien sans pour autant quitter la dimension de l'expérience de l'Esprit dans la vie de l'Église et de chacun. À travers un propos quelque peu difficile, c'est à cela qu'il nous invite. Ce qui suppose de prêter attention aux fruits de l'Esprit, d'apprendre à discerner son passage à la lumière des Écritures. À titre d'exemple, citons enfin un extrait dans lequel Basile pourfend ceux qui veulent faire de l'Esprit une simple créature, à la différence du Père et du Fils : « L'Esprit est bon par nature, comme est bon le Père et bon le Fils. Quant à la créature, c'est dans le choix du bien qu'elle participe à la bonté. L'Esprit connaît les profondeurs de Dieu ; la créature, elle, reçoit par l'Esprit la révélation des mystères. Il vivifie avec Dieu, qui engendre à la vie tout ce qui vit, avec le Fils, qui donne la vie. Car "celui qui a ressuscité le Christ d'entre les morts donnera aussi la vie à vos corps mortels, par son Esprit qui habite en vous" (Rm 8,11) » (*Traité du Saint-Esprit*, traduction PdF). L'Esprit nous divinise, affirme encore Basile, ce qu'il ne pourrait faire s'il n'était Dieu. ■

> ***L'Esprit est adoré et glorifié à l'égal du Père et du Fils : autant dire que le culte qui lui est rendu le place sur le même plan qu'eux.***

Sylvaine Lacout, théologienne,
laïque consacrée de la communauté des Béatitudes

Le jubilé, le temps des œuvres de miséricorde

Le jubilé nous donne l'occasion de pratiquer des œuvres de miséricorde corporelles ou spirituelles.

Le jubilé est un temps fort d'attention à l'autre. Avec le rachat du frère devenu esclave lors du jubilé, la Bible (cf. Lv 25, 54) nous donne un bel exemple. L'Église invite en tout temps – et combien plus pendant le jubilé – le chrétien à la pratique des œuvres de miséricorde corporelles et spirituelles. Selon le Catéchisme de l'Église catholique, « les œuvres de miséricorde sont les actions charitables par lesquelles nous venons en aide à notre prochain dans ses nécessités corporelles et spirituelles » (n° 2447). Ces œuvres sont donc les actions que chaque chrétien est encouragé à accomplir pour imiter le Christ et aider les plus démunis. Deux catégories d'œuvres de miséricorde sont distinguées : corporelles et spirituelles. Elles relèvent chacune du commandement de l'amour du prochain.

Les œuvres de miséricorde corporelles sont énoncées par saint Matthieu : « Venez, les bénis de mon

Père, recevez en partage le Royaume préparé pour vous depuis la fondation du monde. Car j'ai eu faim et vous m'avez donné à manger; j'ai eu soif et vous m'avez donné à boire; j'étais un étranger et vous m'avez recueilli; nu, et vous m'avez vêtu; malade, et vous m'avez visité; en prison, et vous êtes venus à moi » (cf. Mt 25, 34-36). Matthieu reprend dans son évangile un texte juif, un targum qui énonce déjà ces catégories, mais Jésus apporte une notion nouvelle : « En vérité, je vous le déclare, chaque fois que vous l'avez fait à l'un de ces plus petits, qui sont mes frères, c'est à moi que vous l'avez fait » (cf. Mt 25, 40). C'est dans chacun de ces « plus petits » que le Christ est présent. Dans les mouroirs fondés à Calcutta par Mère Teresa, au-dessus de chaque lit de mourant, il est écrit : « *Body of Christ !* » (« Corps du Christ ! »)

Ces œuvres sont les actions que chaque chrétien est encouragé à accomplir pour imiter le Christ.

Les œuvres de miséricorde spirituelles portent aide aux personnes éprouvées, déficientes au niveau spirituel. Elles consistent à conseiller ceux qui sont dans le doute; à enseigner les ignorants, avertir les pécheurs, consoler les affligés; pardonner les offenses; supporter patiemment les personnes ennuyeuses et prier Dieu pour les vivants et pour les morts. N'oublions pas cette parole de saint Jean de la Croix : « Au soir de notre vie, nous serons jugés sur l'amour. » Et cette autre parole de Mère Teresa : « L'amour n'est plus l'amour s'il n'est pas partagé. » ■

TÉMOIGNAGE DE LECTEUR

Propos recueillis par **Geneviève Pasquier**, journaliste

« Prier, ce n'est pas rester statique, c'est agir ! »

Mariée, Hélène Boutry habite dans la banlieue de Lille. Professeur d'anglais à la retraite depuis 20 ans, elle témoigne que, pour elle, prier c'est agir.

« Prier toute seule – bien que je le fasse de temps en temps – ou en face du Saint-Sacrement ne me convient pas : je suis plus une active qu'une orante ! Pour moi, prier, ce n'est pas rester statique, c'est agir ! Et je l'expérimente de deux façons différentes. Tout d'abord, en préparant la célébration hebdomadaire pour les résidents de la maison de retraite proche de chez moi. Je lis les textes, les commentaires de *Prions en Église* ainsi que plusieurs autres. Je les médite pour pouvoir introduire les lectures lors des célébrations. Cette préparation est un moment important, elle me porte spirituellement et me nourrit. La prière est un engagement au cœur de la vie. Le pèlerinage est aussi pour moi un vrai chemin de prière. Récemment, je suis partie en pèlerinage à Rome pour l'année jubilaire avec *Prions en Église.* J'étais accompagnée de mon mari, de ma fille et de ma petite fille de 15 ans. Chaque jour, nous sommes partis

© Sandrine Martin

à pied de notre lieu d'hébergement pour nous rendre vers l'une des basiliques jubilaires. Je garde particulièrement le souvenir de Saint-Pierre-de-Rome et de Saint-Paul-hors-les-murs. Prier en marchant, c'est s'ouvrir à une autre façon d'entrer en relation avec Dieu et se laisser surprendre. La marche alimente ma réflexion. Le pèlerinage est une prière active, remplie d'échanges, de belles rencontres et d'homélies inspirantes. J'ai été marquée par l'homélie sur la Visitation, c'était lumineux et si profond. Pour des raisons pratiques, nous avions un groupe *WhatsApp* entre pèlerins. Et ce groupe perdure avec ceux qui l'ont souhaité. C'est merveilleux de continuer à se sentir en communion avec des personnes qui ont vécu ensemble le même temps fort. Ma petite fille est fragile et je reçois de ce groupe un soutien et des marques de gentillesse qui m'émeuvent. J'ai vraiment été inspirée par l'Esprit Saint en nous inscrivant à ce pèlerinage. » ■

QUESTION DU MOIS

Pourquoi changeons-nous d'année liturgique : A, B puis C ?

Avant la réforme liturgique de Vatican II, les lectures de la parole de Dieu, durant la messe, étaient très limitées; on lisait chaque année les mêmes textes. Cette distribution avait très peu évolué depuis les réformes liturgiques de saint Pie V (1504-1572), demandées par le concile de Trente (1545-1563). Tout au long du XXe siècle, l'Église, grâce au travail des théologiens, a pris conscience de cette réelle indigence. En 1965, le concile Vatican II promulgue la Constitution dogmatique sur la Révélation divine, *Dei Verbum*, qui insiste sur l'urgence de remettre l'Écriture au centre de la vie des croyants. La liturgie étant un lieu essentiel de l'expérience de la foi de l'Église, la liturgie de la Parole lors des eucharisties a été développée.

Aujourd'hui, l'Église invite à lire chaque année un des trois évangiles synoptiques, en lecture continue, dimanche après dimanche. Pour l'année A, c'est l'évangile selon saint Matthieu, l'année B, saint Marc, et l'année C, saint Luc. L'évangile selon saint Jean est lu lors des fêtes. Le cycle des années A, B et C se répète tous les trois ans. Ces lettres sont une convention qui, nous pouvons l'espérer, évoluera dans le temps. ■

Sébastien Antoni, *assomptionniste*

Annonce

CROISIÈRE PÈLERINAGE DE L'AVENT

En chemin vers Noël sur le Rhin !

Au cœur de l'Alsace et de la vallée du Rhin, terres imprégnées de la tradition de Noël, chaque halte devient un moment spirituel vers la Nativité.

Ce pèlerinage vous propose de vivre l'Avent dans un cadre fraternel, nourri par la beauté, la prière et la Parole. Venceslas Deblock, prêtre et historien de l'art, et Sylvain Gasser, prêtre assomptionniste et musicologue, assureront l'animation spirituelle.

Place Kléber, Strasbourg (67).

© AdobeStock

PRATIQUE **Du 8 au 11 décembre 2025.** Une proposition **"Prions en Église"**, proposée par Croisieurope.
Renseignements et inscriptions : 01 44 32 04 37.

Gaël et Olivier Latreille, volontaires avec la DCC* au Togo

« On rend grâce ! »

« Cette phrase répétée machinalement en réponse à la question "Ça va ?" nous secoue, nous interpelle et résonne presque comme une provocation. En mission au Togo pour deux ans avec nos cinq enfants, nous vivons entourés de personnes pour lesquelles le quotidien est une ascèse imposée, mais qui rendent grâce chaque jour malgré des difficultés d'accès à l'eau potable, l'électricité, l'éducation, la santé. Ces mots nous renvoient à nos propres limites et nous invitent à ne pas céder à la tentation de râler face aux difficultés pour convertir nos cœurs et rayonner de la joie du Christ. Au fil des mois, et un peu par mimétisme, on finit par adopter cette formule qui retentit comme un cri d'espérance lancé depuis le désert, une semence jetée en terre, un appel à porter du fruit chaque jour même si on se sent petits, pauvres et fragiles. Les messages sur les camions et voitures en disent long sur la capacité des Togolais à tout remettre entre les mains de Dieu. Le manuel de survie ici prend la forme d'un chapelet ou d'un recueil de prières, et, face à des situations qui nous dépassent, c'est sans doute la meilleure protection. Nous rendons grâce pour cette mission que nous avons reçue car après chaque Vendredi saint, l'aube de la Résurrection se lève toujours. » ■

*La Délégation catholique pour la coopération (DCC) est le service du volontariat de l'Église en France.

DCC / G. et C. Latreille

1. Enfants de Nukafu, octobre 2024. 2. Quartier du port de Lomé, janvier 2025. 3. Visite d'une communauté religieuse à Togoville. 4. La famille Latreille.

Anne-Quitterie Jozeau, journaliste

Fratello 2025 à Rome

Fratello, réseau mondial de solidarité, organise du 13 au 16 novembre un rassemblement international à Rome autour du pape Léon XIV, pour célébrer avec lui le jubilé de l'espérance et célébrer la Journée mondiale des pauvres. Sébastien, un habitué de Fratello, s'y rend.

« On attend Rome depuis longtemps, cela fait trois ans qu'ils en parlent ! », glisse Sébastien, en lâchant un rire discret. Assis devant son expresso fumant, il part avec Fratello pour la cinquième fois. Ayant découvert le réseau international grâce à la paroisse parisienne de Saint-Ambroise, Sébastien s'y est tout de suite senti bien. D'où sa présence régulière aux temps forts de Fratello, comme à Lourdes ou à Tréguier, séjour où on l'a nommé second de la responsable. Fratello, réseau international solidaire, regroupe des personnes vivant une situation d'exclusion ou de précarité et des accompagnateurs, bénévoles. Créé en 2014 lors d'un pèlerinage à Rome, le réseau organise chaque année des rassemblements en lien avec des paroisses et associations du monde entier. Cette année, pour la troisième fois de son histoire, Fratello rejoint Rome du 13 au 16 novembre.

Afficionado du mouvement, Sébastien a hâte de partir. Ce jeune quinquagénaire vit depuis sept ans dans une colocation solidaire de l'Association pour l'amitié, à Paris. Il cohabite avec des personnes ayant connu la précarité et des jeunes professionnels. Celui qui a grandi à Nantes réfléchit à son avenir professionnel mais ne souhaite pas en dire plus.

Sébastien.

D.R.

Se redressant sur sa chaise en osier, Sébastien raconte : « Le premier jour, les retrouvailles sont très chaleureuses, comme si on ne s'était jamais quittés. En même temps, nous partageons tellement ensemble ! Nos joies, nos soucis, nos peines… » Ici, la rencontre se vit au sens propre : « chacun se met où il veut, tout le monde se mélange ». Cet ancien maraîcher et sacristain aux yeux d'un bleu profond souligne la cohésion qui se vit à Fratello. « On fait tout ensemble : on prend nos repas, on danse le soir, on prie », s'extasie-t-il en élevant la voix lorsqu'une ambulance passe dans la rue. La prière occupe une place importante à Fratello. Il y a les veillées, les processions, les temps de louange… La messe est célébrée chaque jour. Ayant appris •••

… à servir la messe, Sébastien se plaît à rendre ce service. « J'apprécie d'être au plus près de l'autel, et donc du Christ. » Tout au long du séjour, il y a aussi des conférences sur des thèmes spirituels précis.

Le volet festif de ces journées occupe une place importante pour le Nantais : « Quand on vient à Fratello, on sait que pendant quatre jours, ça va être la fête. Il y a des veillées tous les soirs, où nous chantons et dansons au son des guitares, trompettes et synthés », raconte l'homme le sourire aux lèvres et l'œil malicieux. « Ici, on ne fait pas la différence entre quelqu'un qui a vécu à la rue et un jeune professionnel, c'est agréable », témoigne celui qui n'a pas eu de logement pendant cinq ans.

À son retour de Rome, Sébastien compte « revenir plein de joie, de tonus et motivé pour continuer la vie dans [s]a coloc, et poursuivre la réussite de [s]es projets ». ■

Journée mondiale des pauvres

La Journée mondiale des pauvres a lieu le 33e dimanche du temps ordinaire, cette année le dimanche 16 novembre. C'est pour cette raison que Fratello organise le rassemblement du 13 au 16 novembre. À la suite du premier pèlerinage de Fratello, cette Journée a été promue par le pape François en février 2016, dans la bulle *Misericordia et misera*.

Informations communiquées sous réserve de modifications. Renseignez-vous avant de vous rendre aux endroits indiqués.

LE JOUR DU SEIGNEUR – FRANCE 2 (11 heures)

1ER/11 Église Saint-Médard, Jodoigne (Belgique). Prédicateur : Mgr Luc Terlinden.

2/11 Église Saint-Joseph, Besançon (25). Prédicateur : Fr. Camille de Belloy, dominicain.

9/11 Basilique du Rosaire, Lourdes (65). Prédicateur : Mgr Jean Marc Aveline.

16/11 Église Saint-Laurent, Richebourg (68). Prédicateur : Fr. Thierry Hubert, dominicain.

23/11 Église Sainte-Marguerite, Liège (Belgique). Prédicateur : *non communiqué.*

30/11 Église Notre-Dame-de Fatima, Mamoudzou (Mayotte). Prédicateur : P. Bienvenu Kasongo.

FRANCE CULTURE (10 h 05)

1ER/11 Chapelle Notre-Dame de la Médaille miraculeuse, Paris (VIIe). Prédicateur : Fr. Jean-Christophe de Nadaï, dominicain.

2/11 Chapelle Notre-Dame de la Médaille miraculeuse, Paris (VIIe). Prédicateur : P. Gautier Mornas.

9/11 Chapelle Notre-Dame de la Médaille miraculeuse, Paris (VIIe). Prédicateur : Fr. Gabriel Nissim, dominicain.

16/11 Chapelle Notre-Dame de la Médaille miraculeuse, Paris (VIIe). Prédicateur : P. Brice de Malherbe.

23/11 Chapelle Notre-Dame de la Médaille miraculeuse, Paris (VIIe). Prédicateur : Fr. Benoît Vandeputte, dominicain.

30/11 Chapelle Notre Dame de la Médaille miraculeuse, Paris (VIIe). Prédicateur : Fr. François-Xavier Ledoux, dominicain.

NUMÉRIQUE

« Jubilé 2025 : offrir un cadeau à un défunt »

En cette fin d'année jubilaire sur le thème de l'espérance, *Prions en Église* lance un parcours intitulé « Jubilé 2025 : offrir un cadeau à un défunt », en partenariat avec le sanctuaire Notre-Dame de Montligeon. En quatre épisodes, sur le site et dans l'application, la rédaction et les membres du sanctuaire vous proposent une manière d'offrir un cadeau particulier à un proche défunt. Les intervenants comme Karem Bustica, rédactrice en chef de *Prions en Église*, ou sœur Cécile, de la communauté des Sœurs de la Nouvelle Alliance, reviennent sur le lien vivant qui existe avec un défunt. Ils développent notamment la prière formulée à l'intention des morts et ce qu'est la communion des saints. Dans le cadre de l'année jubilaire, ce parcours propose aussi de vivre la démarche de l'indulgence plénière. Alors n'hésitons plus : offrons une prière à un proche défunt ! ■

Anne-Quitterie Jozeau

Sur le site et l'application *Prions en Église*.

CD

Messes et hymnes

Nicolas de Grigny

Michel Bouvard, François Espinasse, Château de Versailles Spectacles

Seul témoignage de la musique de Nicolas de Grigny (mort à 31 ans), son livre d'orgue (Messe et hymnes) est emblématique de ce répertoire en France à l'époque baroque. Deux grands organistes l'interprètent sur les Grandes Orgues de la Chapelle royale de Versailles.

Folksongs

Tour du Monde

La Maîtrise de Toulouse

Anima Nostra

La Maîtrise de Toulouse est l'une des grandes maîtrises européennes. Sous la direction de son chef et fondateur, Mark Opstadt, elle propose un tour du monde et revisite avec des harmonisations plus actuelles tout un répertoire de chansons folkloriques (dix-sept langues). ■

Dominique Pierre

EXPOSITION

© Jean-Pierre Gobillot

Le Sacré-Cœur, 1930, Maurice Denis, huile sur toile.

Le trésor des trésors – le Sacré-Cœur dans l'art

Le musée du Hiéron célèbre les 350 ans des apparitions de Jésus Christ présentant son Divin Cœur à sainte Marguerite-Marie Alacoque, religieuse au monastère de la Visitation de Paray-le-Monial. L'exposition retrace une histoire de l'art du Sacré-Cœur en explorant diverses facettes de l'iconographie et de la dévotion à ce symbole d'amour divin à travers des œuvres anciennes, modernes et contemporaines, rares et insolites. ■

Hélène Roquejoffre, *Le Monde de La Bible*

Jusqu'au 4 janvier 2026, Le Hiéron – musée municipal, 13, rue de la Paix 71600 Paray-le-Monial – www.musee-hieron.fr

LIVRES

L'audace de la fraternité

Jean-Paul Vesco, Cerf, 184 p.

Dominicain, successeur de Pierre Claverie, Mgr Vesco est archevêque d'Alger, créé cardinal en 2024. Chrétien en terre musulmane, il déploie sous diverses formes (en collaboration avec le dominicain Philippe Verdin) la nécessité et les fruits de la fraternité. Avec le souci de partager des outils pour construire une fraternité renouvelée. Sous le signe également de la synodalité. Stimulant et chaleureux.

Dieu à travers les mots et leur histoire

Jean Pruvost, Desclée de Brouwer, 334 p.

Lexicologue, historien de la langue française, universitaire et infatigable pédagogue (notamment dans ses chroniques sur RCF), Jean Pruvost part à la recherche de Dieu. Grâce à de nombreuses références, cette plongée érudite et nécessaire dans les mots et les usages du divin démontre un savoir encyclopédique et un souci de mieux maîtriser le quotidien. Nombreuses découvertes à la clé au terme de ce parcours.

Pourquoi rester dans l'Église ?

Six regards de femmes. Éditions Emmanuel, 164 p.

Un ouvrage collectif dans le souci du grand public réunissant des religieuses xavières soucieuses de répondre aux interrogations, et même aux colères du moment. À la fois témoignages tirés de leurs parcours et réflexions théologiques et pastorales issues de leurs enseignements, les autrices partagent leurs raisons d'espérer. D'opportunes ressources pour un temps de renouveau. ■

Robert Migliorini

Informations communiquées sous réserve de modifications.

Collecte du Secours catholique

SOLIDARITÉ

Dimanche 17 novembre est la journée de collecte nationale pour le Secours catholique – Caritas France dans les paroisses françaises. Une occasion de soutenir le rôle de ce service d'Église dans la lutte contre la pauvreté. ■

Plus d'informations sur : www.secours-catholique.org

Grand Nord-Ouest

ÉPERNON (28)

SAMEDI 8

Journée de réflexion et de prière

« Vivre le deuil, une traversée dans la vie » Comment l'espérance chrétienne s'ancre dans les mots de Jésus ? » Journée animée par Marylène Pierrot, veuve consacrée, Communauté Anne la Prophétesse, de 9 h 30 à 17 heures au prieuré Saint-Thomas.

02 37 83 60 01
reservation@prieure-saint-thomas.fr
www.prieure-saint-thomas.fr

PONTCHÂTEAU (44)

SAMEDI 15

Jubilé

La Diaconie du diocèse de Nantes invite à la journée « Jubilé des Clameurs ». Cet évènement s'inscrit dans le cadre du jubilé de l'espérance à la veille de la IXe Journée mondiale des pauvres.

diocese44.fr/jubile-des-clameurs

MOUVAUX (59)

DU VENDREDI 21 AU DIMANCHE 23

Retraite

Initiation à la prière de contemplation avec le nom de Jésus. Le goût d'être là pour Dieu et avec lui. Par la prière du nom de Jésus, vivre une expérience de simple présence à Dieu.

03 20 26 09 61 – hautmont.org
contact@hautmont.org

Grand Nord-Est

DIJON (21)

MARDI 4

Retraite d'un jour

Une journée de prière, sur la prudence : « Soyez prudents comme des serpents » (Mc 10, 16). •••

... Retraite organisée par les prêtres de l'Oratoire à la maison diocésaine, de 9 heures à 16 heures. Pour cette année 2025-2026, les pères de l'Oratoire abordent les vertus, à partir du cycle de catéchèse du pape François en 2024.
03 80 38 18 85 ou 06 21 55 64 18
mp.barnay@gmail.com

REIMS ET CHARLEVILLE (51)

SAMEDI 22
Parcours
Lancement du parcours « Suis-moi », un itinéraire spirituel au fil de l'année liturgique proposé par le diocèse de Reims et des Ardennes.
03 26 47 05 33
suis-moi@catholique-reims.fr

Grand Sud-Ouest

DOURGNE (81)

DU MARDI 4 AU DIMANCHE 9
Retraite cinéma
Retraite organisée par Coteaux Païs sur le thème « Artisans de paix », avec la médiation du cinéma, la parole de Dieu méditée, la prière des moines et des moniales, l'accompagnement personnel, le silence à l'abbaye d'En Calcat.
05 62 71 65 30
secretariat@coteaux-pais.net
www.coteaux-pais.net

URT (64)

SAMEDI 8
Samedi biblique
Les communautés bénédictines d'Urt proposent une journée de formation biblique animée par Yann Quiquempois, bibliste, au sein de leur monastère. Prières, enseignements, échanges fraternels, messe et repas tiré du sac, entre 9 h 30 et 16 h 30.
06 70 06 69 71
yann.quiquempois@hotmail.fr

Grand Sud-Est

MEYLAN (38)

VENDREDI 14
Matinée biblique
« Jour du Seigneur, jour de jugement, de colère… » sont des expressions de plusieurs prophètes. Il est également question du « Jugement » dans le Nouveau Testament. Comment comprendre ces annonces et

les entendre dans la foi et l'espérance ? Au Centre théologique de Meylan, avec Isabelle Carlier, de 9 h 30 à 12 h 30.
04 76 41 62 70
contact@ctm-grenoble.org
ctm-grenoble.org

LA ROCHE-SUR-FORON (74)
SAMEDI 29
Fête diocésaine
Le diocèse d'Annecy organise sa fête du jubilé à Rochexpo. Une journée placée sous le signe de la miséricorde, de la fraternité et de l'espérance avec temps de partages, enseignements, adoration, messe et confessions, de 9 heures à 17 h 30.
04 50 52 37 00
jubile2025.diocese-annecy.fr/fete-diocesaine-du-jubile

•••

ZOOM

CÉLÉBRER LA TOUSSAINT À MONTLIGEON

Et si vous décidiez de célébrer la Toussaint et de commémorer vos défunts au sanctuaire Notre-Dame de Montligeon (61) ? Cette année, la rédaction de *Prions en Église* propose à ses lecteurs de se retrouver au sanctuaire normand. Sur place, l'équipe en partenariat avec le sanctuaire, a prévu plusieurs animations spirituelles afin de vivre au mieux ces deux jours. Une veillée de prière est organisée avec les Sœurs de la Nouvelle Alliance pour porter les intentions de prière de tous nos lecteurs aux pieds de Notre-Dame Libératrice de Montligeon. Pour clore l'année jubilaire, nous vous proposons aussi une démarche en lien avec le jubilé de l'espérance ; le rendez-vous est à la basilique. La rédaction a aussi préparé un chapelet médité qui est prié le 2 novembre. Sans oublier le parcours numérique « Jubilé 2025 : offrir un cadeau à un défunt », à retrouver sur le site et l'application (voir p. 298). Si vous souhaitez nous rejoindre, merci de l'indiquer par courriel à l'adresse prionseneglise@groupebayard.com, en écrivant en objet : « Montligeon 2025. » Venez nombreux ! ■

Anne-Quitterie Jozeau

... Île-de-France

AVON (77)

DU VENDREDI 7 AU DIMANCHE 9

Week-end couples

« Prendre soin de notre couple et renouveler la beauté de notre "oui". » Prendre le temps de s'arrêter en couple pour accueillir la grâce d'une vie à deux. Au centre spirituel des carmes d'Avon, avec Fr. Didier-Joseph Caullery, Véronique et Pierre Bedouelle.
01 60 72 28 45
contact@centrespirituel-avon.org
www.centrespirituel-avon.org

PARIS (XVIIIE)

SAMEDI 8 ET DIMANCHE 9

Week-end

Le mouvement Espérance et vie organise un week-end pour les veufs et veuves de moins de 55 ans à Montmartre sur le thème : « Sans toi, continuer la vie », avec Muriel Derome, psychologue clinicienne. Conférences, temps en groupes, prière, détente.
01 45 35 78 27
esperance.vie@orange.fr
www.esperanceetvie.com

France

MARDI 18 ET MERCREDI 19

Colloque

« Repenser la relation au peuple juif – Un enjeu pour la théologie chrétienne. » Colloque sur Zoom organisé par Marie-Laure Durand et Patrice Chocholski et proposé par l'Institut de sciences et de théologie des religions de Marseille. De nombreux chercheurs, juifs et chrétiens, y participent.
04 91 50 35 50 – istr@icm13.com
icm.catholique.fr/colloque-mystere-disrael/

ENVOYEZ VOS RENDEZ-VOUS À L'AGENDA DE PRIONS EN ÉGLISE

Merci d'envoyer les informations nécessaires 3 mois avant l'événement, sans engagement de publication par la rédaction, à : *Prions en Église,* Agenda, 15 boulevard Gabriel-Péri, CS 10042 92245 Malakoff Cedex, ou par e-mail : *prionseneglise@groupebayard.com*

PrionsenÉglise 15, boulevard Gabriel-Péri CS 10042
www.prionseneglise.fr 92245 Malakoff Cedex

▶ **POUR CONTACTER LE SERVICE CLIENT : 01 74 31 15 01** – service.client@groupebayard.com
(Préciser : nom + adresse postale + « concerne Prions en Église ».)

▶ **POUR VOUS ABONNER : 01 74 31 15 01** – www.librairie-bayard.com
Bayard, Prions en Église, TSA 60007, 59714 Lille Cedex 9

▶ **POUR CONTACTER LA RÉDACTION :** prionseneglise@groupebayard.com

Directeur de la publication : François Morinière. Directrice déléguée : Emmanuelle Delapierre. Rédaction : Karem Bustica (rédactrice en chef), Dominique Pierre (rédacteur en chef délégué), Pomme Mignon (rédactrice en chef adjointe visuel, directrice artistique), Aurore de Neuville (rédactrice en chef adjointe), Armelle Gabriel (assistante), Nicolas Crouzier (secrétaire général de la rédaction), Jean-Baptiste Deau, Cécile Toussaint (1ers secrétaires de rédaction), Laurent Sangpo (rédacteur graphiste), Ania Biszewska (rédactrice photo), Sébastien Antoni (chef de grande rubrique), Anne-Quitterie Jozeau, Geneviève Pasquier (rédactrices). Prépresse : Milan. Ont participé : Michèle Clavier, Thibault Van Den Driessche. Marketing éditeur et développement : Amandine Boivin. Marketing diffusion et abonnement : Aurore Bertrand (directrice), Sandrine Dos Santos (chef de marché). Directeur des terrains catholiques : Cédric Bloquet. Contrôle de gestion : Marie-Albane de Vallée. Fabrication : Grégory Cervantes. Impression : Maury SAS, Z.I. Route d'Étampes, 45330 Malesherbes.

Prions en Église est édité par Bayard, société anonyme à Directoire et Conseil de Surveillance au capital de 16 500 000 €. Actionnaires : Augustins de l'Assomption (93,7 % du capital), SA Saint-Loup, Association Notre-Dame de Salut. Directoire : François Morinière (président et directeur de la publication), Dominique Greiner (directeur général). Président du Conseil de Surveillance : Hubert Chicou. Dépot légal à parution. CPPAP : 0425K86471 - ISSN : 0383-8285. Belgique et Luxembourg : Bayard Presse Bénélux, Da Vinciaan, 1 – 1930 Zaventem. Tél. : 0800 250 38 (de Belgique, gratuit) ou 800 29 195 (du Luxembourg). Web marché chrétien : librairie-bayard.com. Suisse : Asendia Press Edigroup SA, Chemin du Château-Bloch 10, 1219 Le Lignon. Tél. : 00 41 22 860 84 02. Mail : abobayard@edigroup.ch

Prions en Église agit pour l'environnement
Origine du papier : France. Taux de fibres recyclées : 100 %. Origine des fibres : papier issu de forêts gérées durablement. Impact sur l'eau : PTOT 0,003 kg/T

Certifié PEFC
Ce produit est issu de forêts gérées durablement et de sources contrôlées.
pefc-france.org

Ce numéro comporte :
Sur la totalité de la diffusion : encart broché "Prions en Église" autopromotion 2025-2026 ; encart posé "Le Pèlerin" éphéméride 2026 ; encart posé "Prions en Église Junior" abonnement ; encart jeté "Prions en Église" autopromotion ; signet jeté "Prions en Église". Sur une partie de la diffusion : encart posé "Bayard jeunesse" offre d'abonnement ; encart posé "La Croix L'Hebdo" abonnement ; relance posée "Bayard" offre d'abonnement.

Bulletin d'abonnement

☐ OUI, je m'abonne à *Prions en Église*

Je recevrai le hors-série *Noël 2025* **EN CADEAU**

ÉDITION	POCHE	GRAND FORMAT	
PRÉLÈVEMENT MENSUEL Uniquement par internet	**4,90 €/mois**	**5,75 €/mois**	+ un accès à tous les contenus du site et de l'application
PAIEMENT COMPTANT	1 an (12 n°s) ☐ 59 €	1 an (12 n°s) ☐ 69 €	
	2 ans (24 n°s) ☐ 105 €	2 ans (24 n°s) ☐ 115 €	
	Étudiant 1 an ☐ 29,95 €*		

PAR COURRIER Renvoyez ce bulletin accompagné de votre chèque payable en France libellé à l'ordre de « Bayard » à l'adresse suivante : **Bayard - TSA 40020 - 93539 Aubervilliers CEDEX**

PAR INTERNET sur **librairie-bayard.com/abopri** (paiement 100 % sécurisé)

▶ Le paiement en espèces n'est pas accepté. N'envoyez en aucun cas d'espèces par courrier.

COORDONNÉES ☐ Mme ☐ M. Prénom

Nom A177756

Complément d'adresse (résid./esc./bât.)

N° et voie (rue/av./bd...)

Code postal Ville

Pays Date de naissance J J M M A A A A

Tél. E-mail

Pour recevoir la confirmation de votre abonnement, nos newsletters et correspondre avec vous par courriel

RENSEIGNEMENTS POUR LES ABONNEMENTS HORS FRANCE MÉTROPOLITAINE

		DOM-TOM & UE	AUTRES PAYS	BELGIQUE	SUISSE
Téléphone		(33) 174 311 501		02 808.09.85**	(022) 860 84 02
POCHE	1 an	62 €	68 €	Renseignez-vous sur les tarifs et abonnez-vous par téléphone	
	2 ans	111 €	123 €		
GRAND FORMAT	1 an	72 €	78 €		
	2 ans	121 €	133 €		

*Uniquement en France métropolitaine. Cette offre ne contient pas de cadeau. Joindre une photocopie de la carte d'étudiant.

**Appel gratuit